INTEGRADO

CÉLIA PASSOS

Cursou Pedagogia na Faculdade de Ciências Humanas de Olinda, PE, com licenciaturas em Educação Especial e Orientação Educacional. Professora do Ensino Fundamental e Médio (Magistério), coordenadora escolar e autora de materiais didáticos.

ZENEIDE SILVA

Cursou Pedagogia na Universidade Católica de Pernambuco, com licenciatura em Supervisão Escolar.
Pós-graduada em Literatura Infantil. Mestra em Formação de Educador pela Universidade Isla, Vila de Nova Gaia, Portugal. Formação em *coaching*. Professora do Ensino Fundamental, supervisora escolar e autora de materiais didáticos e paradidáticos.

VOLUME 1 — EDUCAÇÃO INFANTIL

5ª edição
São Paulo – 2022

IBEP

LINGUAGEM · MATEMÁTICA
NATUREZA E SOCIEDADE

Coleção Eu Gosto M@is
Educação Infantil – Volume 1
© IBEP, 2022

Diretor superintendente	Jorge Yunes
Diretora editorial	Célia de Assis
Assessoria pedagógica	Daisy Asmuz, Mariana Colossal
Edição e revisão	RAF Editoria e Serviços
Produção editorial	Elza Mizue Hata Fujihara
Produção gráfica	Marcelo Ribeiro
Assistência editorial	Isabelle Ferreira, Isis Lira
Iconografia	RAF Editoria
Ilustrações	Carlos Jorne Nunes, Conexão Editorial, Imaginario Studio
Capa	Aline Benitez
Ilustração da capa	Gisele Libutti
Projeto gráfico e diagramação	Nany Produções Gráficas

5ª edição – São Paulo – 2022
Todos os direitos reservados

1ª Impressão Gráfica Oceano Setembro 2022

Rua Gomes de Carvalho, 1306 - 11º Andar - Vila Olímpia
São Paulo/SP – CEP 04547-005 Brasil
Tel.: (11) 2799-7799 – www.grupoibep.com.br/

Impressão - Gráfica Mercurio - Setembro de 2024

Dados Internacionais de Catalogação na Publicação (CIP) de acordo com ISBD

P289e   Passos, Célia

        Eu gosto m@is: Linguagem, Matemática, Natureza & Sociedade / Célia Passos, Zeneide Silva. - 5. ed. - São Paulo : IBEP - Instituto Brasileiro de Edições Pedagógicas, 2022.
        30,5cm x 22,5cm. — (Eu gosto m@is ; v.1)

        ISBN: 978-65-5696-243-6 (aluno)
        ISBN: 978-65-5696-244-3 (professor)

        1. Educação infantil. I. Livro didático. I. Silva, Zeneide. II. Título. III. Série.

                                         CDD 372.2
2022-2264   CDU 372.4

Elaborado por Wagner Rodolfo da Silva - CRB-8/9410

Índice para catálogo sistemático:
1. Educação infantil : Livro didático 372.2
2. Educação infantil : Livro didático 372.4

MENSAGEM AOS ALUNOS

QUERIDO ALUNO, QUERIDA ALUNA,

ESTE LIVRO FOI ESPECIALMENTE PREPARADO PARA VOCÊ QUE COMEÇA SUA VIDA ESCOLAR.

NELE, VOCÊ ENCONTRARÁ MUITAS ATIVIDADES QUE VÃO AJUDÁ-LO(A) A CONHECER AINDA MAIS O LUGAR ONDE VIVE.

O LIVRO TRAZ ATIVIDADES PARA VOCÊ DESENVOLVER A CAPACIDADE DE COMUNICAÇÃO, A COORDENAÇÃO DOS MOVIMENTOS, O CONHECIMENTO DOS NÚMEROS, DO CORPO E DA NATUREZA, ALÉM DE POSSIBILITAR MUITAS HORAS DE BRINCADEIRAS COM OS COLEGAS.

APROVEITE BEM ESTE LIVRO E CUIDE DELE COM CARINHO. ELE SERÁ SEU COMPANHEIRO NO DIA A DIA.

AS AUTORAS

SUMÁRIO – LINGUAGEM

CONTEÚDOS	LIÇÕES
HABILIDADES MANUAIS	1, 2, 3, 4, 5, 6, 7, 8, 9, 10
CANTIGAS, PARLENDAS E POEMAS	3, 4, 7, 8, 9, 12, 17, 22, 27, 28, 32
NOME	11, 44
LETRA A	12, 13, 14, 15, 16
LETRA E	17, 18, 19, 20, 21
LETRA I	22, 23, 24, 25
LETRA O	27, 28, 29, 30, 31
LETRA U	32, 33, 34, 35, 36
REVISÃO DAS VOGAIS	26, 37, 38, 39, 40, 41, 42, 43
ESCUTA DE HISTÓRIA E DESENHO	45

SUMÁRIO - MATEMÁTICA

CONTEÚDOS	LIÇÕES
CORES	47
NOÇÕES: IGUAL / DIFERENTE	48, 49
NOÇÕES: GRANDE / PEQUENO	50
NOÇÕES: COMPRIDO / CURTO	51
NOÇÕES: ALTO / BAIXO	52
NOÇÕES: PESADO / LEVE	53
FORMAS GEOMÉTRICAS: QUADRADO, TRIÂNGULO	54, 55
NOÇÕES: EMBAIXO / EM CIMA	56
NOÇÕES: DENTRO / FORA	57
NOÇÕES: DE FRENTE / DE COSTAS	58
NOÇÕES: EM PÉ / SENTADO	59
NOÇÕES: MUITO / POUCO	60
NOÇÕES: ABERTO / FECHADO	61

CONTEÚDOS	LIÇÕES
NÚMERO 1	62, 63, 64
NÚMERO 2	65, 66, 67
NÚMERO 3	68, 69, 70
NÚMERO 4	71, 72, 73
NÚMERO 5	74, 75, 76
NÚMERO 6	77, 78, 79
NÚMERO 7	80, 81, 82
NÚMERO 8	83, 84, 85
NÚMERO 9	86, 87, 88
NÚMERO 10	89, 90, 91
NOÇÃO DE QUANTIDADE	46, 91, 94
SEQUÊNCIA NUMÉRICA	92, 93, 95

SUMÁRIO – NATUREZA E SOCIEDADE

CONTEÚDOS	LIÇÕES
NOÇÕES DE TEMPO	96, 97, 112
PREFERÊNCIAS PESSOAIS	98
PARTES DO CORPO	99
HIGIENE E SAÚDE	100, 101, 102
ALIMENTAÇÃO	103
ÓRGÃOS DOS SENTIDOS	104, 105, 106, 107, 108
FENÔMENOS ATMOSFÉRICOS	109, 110, 111
FAMÍLIA	113
MORADIA	114, 115
ESCOLA	116, 117, 118
MEIO AMBIENTE	119, 120

CONTEÚDOS	LIÇÕES
PLANTAS	121, 122
ANIMAIS (COBERTURA DO CORPO)	123, 124
ANIMAIS (HABITAT)	125, 126, 128
ANIMAIS (LOCOMOÇÃO)	127, 128, 129, 130
MEIOS DE TRANSPORTE	131, 133, 134, 135
ORIENTAÇÃO NO TRÂNSITO	132
MEIOS DE COMUNICAÇÃO	136, 137
AUTONOMIA	138

ALMANAQUE	PÁGINA 148
ADESIVOS	PÁGINA 164

 RISQUE LIVREMENTE A FOLHA. USE GIZ DE CERA.

DATA: _____/_____/_____

 RASGUE PAPEL E COLE OS PEDAÇOS AQUI, COMO QUISER.

DATA: _____ / _____ / _____

 PINTE A LAGARTIXA E A CASINHA DE ONDE ELA SAIU.

FUI MORAR NUMA CASINHA

FUI MORAR NUMA CASINHA-NHA
INFESTADA-DA DE CUPIM-PIM-PIM
SAIU DE LÁ-LÁ-LÁ UMA LAGARTIXA-XA
OLHOU PRA MIM, OLHOU PRA MIM E FEZ ASSIM.

DOMÍNIO PÚBLICO.

CARLOS JORGE NUNES

DATA: ____/____/____

 FAÇA TRAÇOS PARA REPRESENTAR A CHUVA CAINDO NA PLANTAÇÃO.

CAI, CHUVINHA

CAI, CHUVINHA, NESTE CHÃO.
CAI, CHUVINHA, VAI MOLHANDO A PLANTAÇÃO.
UMA GOTINHA, DUAS GOTINHAS.
CAI, CHUVINHA.

DOMÍNIO PÚBLICO.

DATA: _____/_____/_____

 CONTINUE DESENHANDO BOLHAS DE SABÃO.

DATA: _____ / _____ / _____

 LIGUE OS PONTOS PARA TRAÇAR O CAMINHO DO MENINO ATÉ A CAIXA DE BRINQUEDOS.

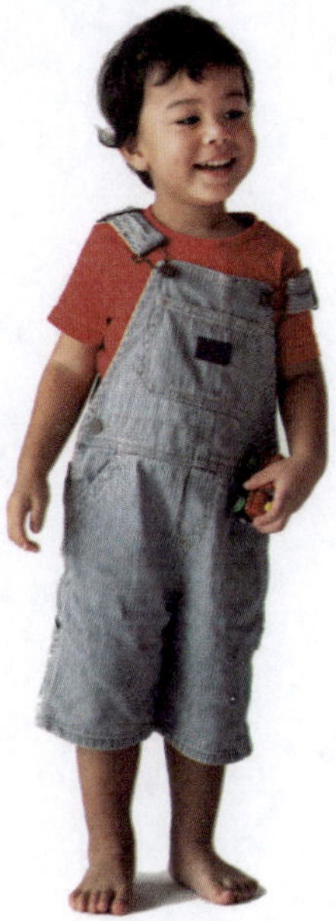

DATA: _____ / _____ / _____

 OUÇA A LEITURA DA PARLENDA.
DEPOIS, DESENHE E PINTE A CASINHA DA VOVÓ.

> A CASINHA DA VOVÓ
> CERCADINHA DE CIPÓ
> O CAFÉ ESTÁ DEMORANDO
> COM CERTEZA NÃO TEM PÓ.
>
> DOMÍNIO PÚBLICO.

 LEVE O GATINHO À TIGELA DE LEITE. USE GIZ DE CERA.

O MEU GATINHO

O MEU GATINHO QUANDO ACORDOU
TOMOU O SEU LEITINHO, TOMOU, TOMOU.
TOMOU TODINHO
NADA DEIXOU.

DOMÍNIO PÚBLICO.

DATA: ____/____/____

 COM A AJUDA DA PROFESSORA, MOLHE A MÃO NA TINTA E CARIMBE AQUI.

BATE PALMINHA

BATE PALMINHA, BATE PALMINHA DE SÃO TOMÉ.
BATE PALMINHA, BATE PARA QUANDO PAPAI VIER.

DOMÍNIO PÚBLICO.

DATA: _____ / _____ / _____

PINTE A BRINCADEIRA QUE VOCÊ CONHECE E COM A QUAL JÁ BRINCOU.

ILUSTRAÇÕES: CARLOS JORGE NUNES

DATA: ____/____/____

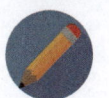

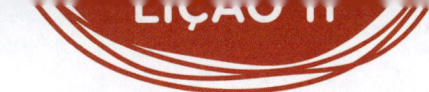

A PROFESSORA VAI ESCREVER SEU NOME NESTE QUADRO.
CIRCULE A PRIMEIRA LETRA DO SEU NOME E COPIE-A.

SHUTTERSTOCK

DATA: _____ /_____ /_____

 PASSE O DEDO NA LETRA **A**, DE ACORDO COM A INDICAÇÃO DAS SETAS.

PINTE A LETRA **A**.

A DONA ARANHA

A DONA ARANHA SUBIU PELA PAREDE. VEIO A CHUVA FORTE E A DERRUBOU.

DOMÍNIO PÚBLICO.

CARLOS JORGE NUNES

LIÇÃO 12

DATA: ____/____/____

19

 FALE O NOME DAS FIGURAS. LIGUE À LETRA **A** AS FIGURAS QUE TÊM O NOME INICIADO COM O SOM DESSA LETRA.

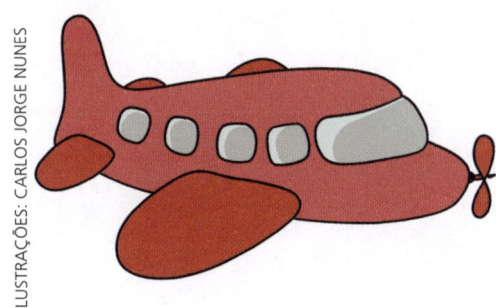

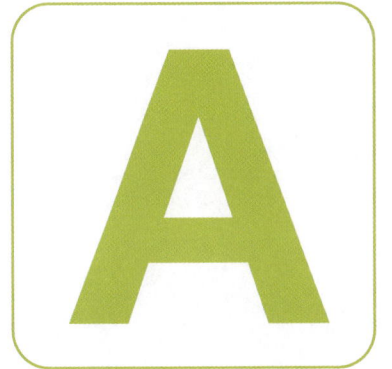

ILUSTRAÇÕES: CARLOS JORGE NUNES

DATA: _____/_____/_____

 CUBRA O TRACEJADO DA LETRA **A**.
DEPOIS, ESCREVA LIVREMENTE ESSA LETRA NO ESPAÇO ABAIXO.

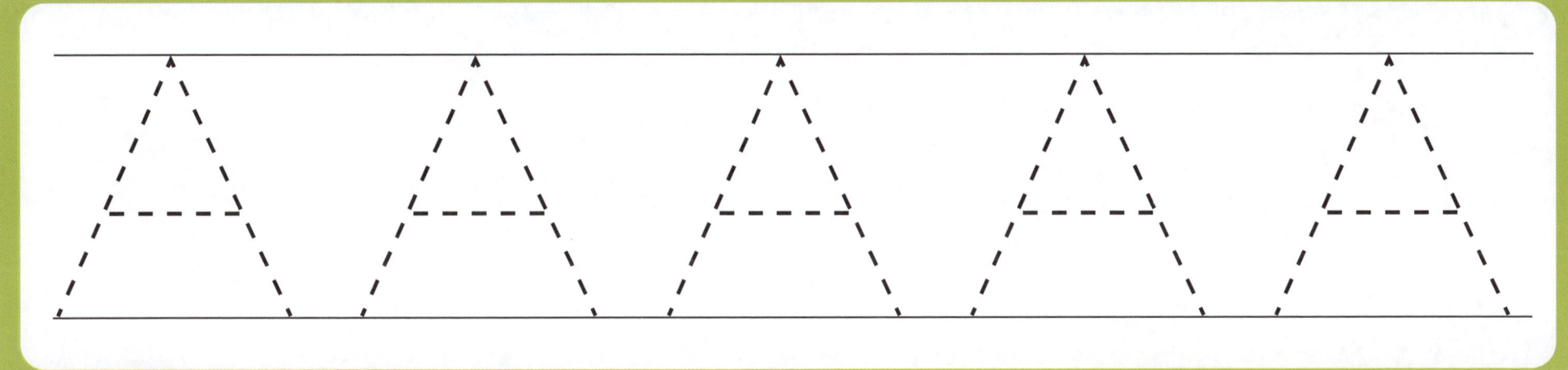

DATA: ____/____/____

21

✏️ CIRCULE A LETRA **A** NO NOME DAS CRIANÇAS.

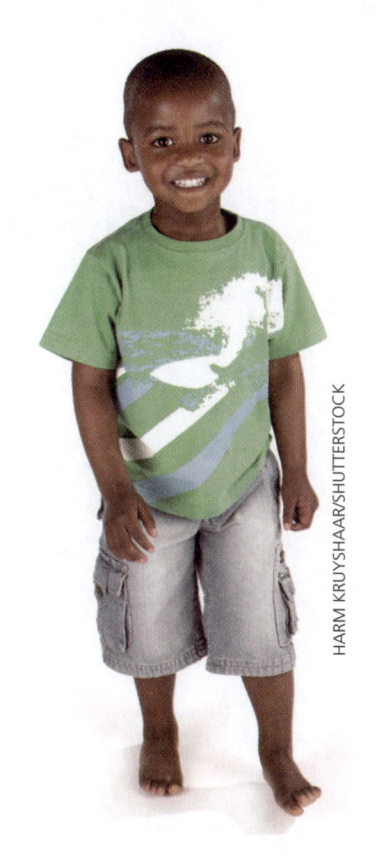

ARTUR   ANA   ALEXANDRE   AMANDA

DATA: ____/____/____

LIÇÃO 16

A PROFESSORA VAI LER AS PALAVRAS.
REPRESENTE CADA PALAVRA COM UM DESENHO.

ANEL	ARANHA
ABELHA	AVIÃO

DATA: ____/____/____

23

LIÇÃO 17

PASSE O DEDO NA LETRA **E**, DE ACORDO COM A INDICAÇÃO DAS SETAS.

PINTE A LETRA **E**.

O ELEFANTE

O ELEFANTE QUERIA VOAR.
A MOSCA DISSE QUE ELE IA CAIR.
O ELEFANTE TEIMOSO VOOU,
VOOU, VOOU E CAIU!

DOMÍNIO PÚBLICO.

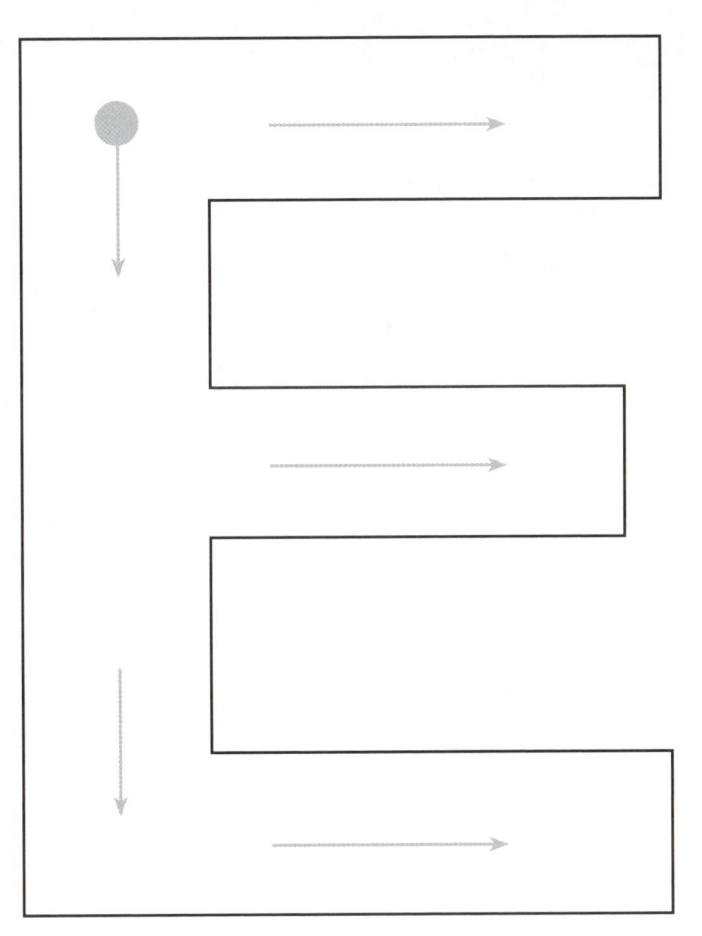

CARLOS JORGE NUNES

DATA: _____/_____/_____

24

LIÇÃO 18

CUBRA O TRACEJADO DA LETRA **E**.
DEPOIS, ESCREVA LIVREMENTE ESSA LETRA NO ESPAÇO ABAIXO.

DATA: ____/____/____

25

LIÇÃO 19

PINTE A LETRA **E** NAS PALAVRAS.

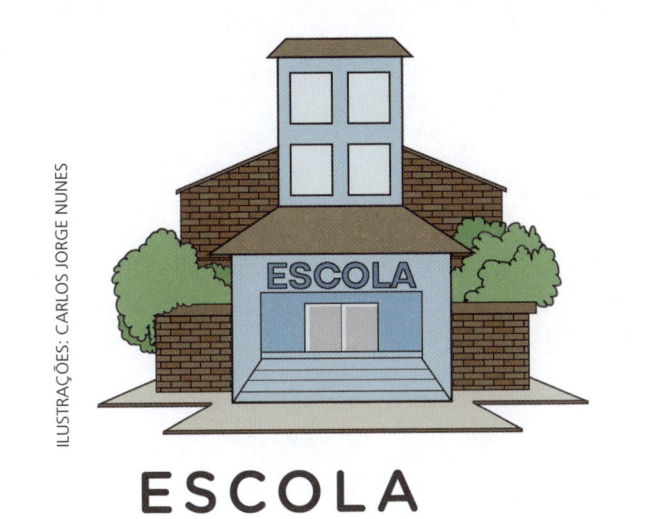

ESCOLA    ESTRELA    ELEVADOR

ESCADA    ELEFANTE    ESTOJO

DATA: ____/____/____

26

LIÇÃO 20

✏️ OUÇA A LEITURA DO NOME DA MENINA. DEPOIS, LIGUE A CRIANÇA AO OBJETO QUE TEM O NOME INICIADO COM A LETRA **E**.

ESTER

RAWPIXEL.COM/SHUTTERSTOCK

ILUSTRAÇÕES: CARLOS JORGE NUNES

✏️ ESCREVA A LETRA INICIAL DO NOME DA MENINA.

DATA: ____/____/____

CONTE QUANTAS VEZES A VOGAL **E** ESTÁ ESCRITA NO QUADRO. DEPOIS, PINTE AS BOLINHAS DE ACORDO COM A QUANTIDADE CORRESPONDENTE.

E	A	E	A
A	E	A	A
E	A	A	E

DATA: ____/____/____

28

LIÇÃO 22

PASSE O DEDO NA LETRA **I**, DE ACORDO COM A INDICAÇÃO DAS SETAS.

PINTE A LETRA **I**.

INDIOZINHOS

UM, DOIS, TRÊS INDIOZINHOS,
QUATRO, CINCO, SEIS INDIOZINHOS,
SETE, OITO, NOVE INDIOZINHOS,
DEZ NO PEQUENO BOTE.

DOMÍNIO PÚBLICO.

CARLOS JORGE NUNES

DATA: ____/____/____

29

LIÇÃO 23

LIGUE A IMAGEM DAS MENINAS INDÍGENAS ÀS LETRAS **I** DA PALAVRA.

I N D Í G E N A S

VOCÊ CONHECE ALGUMA CRIANÇA INDÍGENA?

DATA: _____ / _____ / _____

30

LIÇÃO 24

CUBRA O TRACEJADO DA LETRA I.
DEPOIS, ESCREVA LIVREMENTE ESSA LETRA NO ESPAÇO ABAIXO.

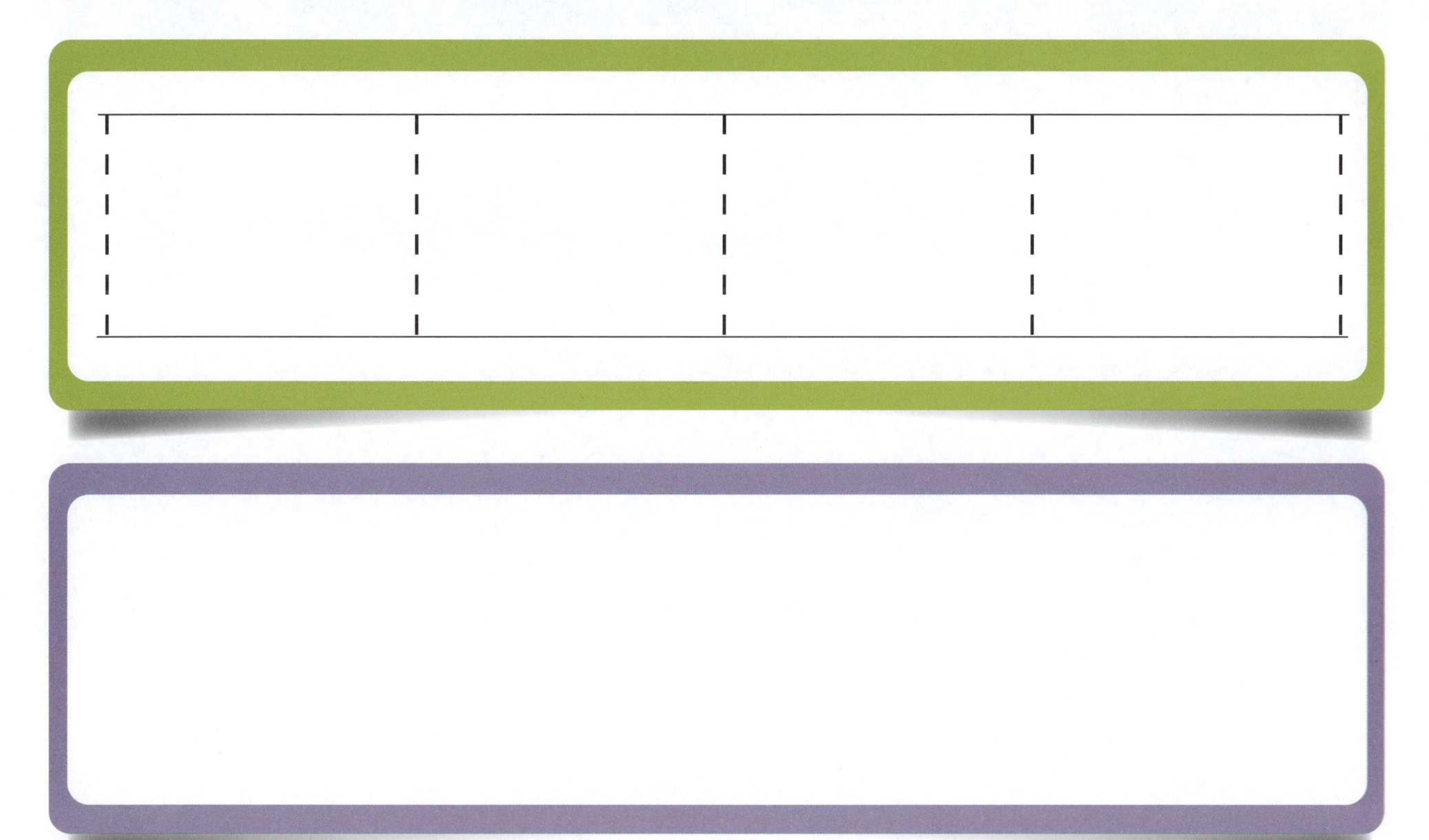

DATA: _____ / _____ / _____

31

FALE O NOME DE CADA FIGURA. DEPOIS, PINTE A LETRA **I** NAS PALAVRAS.

ILHA

IGOR

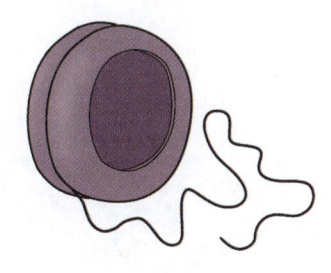

IOIÔ

ISABEL

IGLU

IGUANA

DATA: ____/____/____

PINTE O QUADRINHO NO QUAL ESTÁ A LETRA INICIAL DO NOME DE CADA FIGURA.

APONTADOR

| A | E | I |

IATE

| A | E | I |

ESPELHO

| A | E | I |

DATA: ____/____/____

33

PASSE O DEDO NA LETRA **O**, DE ACORDO COM A INDICAÇÃO DAS SETAS.

PINTE A LETRA **O**.

OS ÓCULOS

DEBAIXO DOS ÓCULOS
TEM UM NARIZ.
O NARIZ TEM UM DONO
QUE É DONO DO SEU NARIZ.

CIÇA FITTIPALDI. **CADA PONTO AUMENTA UM CONTO**. SÃO PAULO: EDITORA DO BRASIL, 1986.

CARLOS JORGE NUNES

DATA: ____/____/____

34

CUBRA O TRACEJADO E PINTE A BORBOLETA.

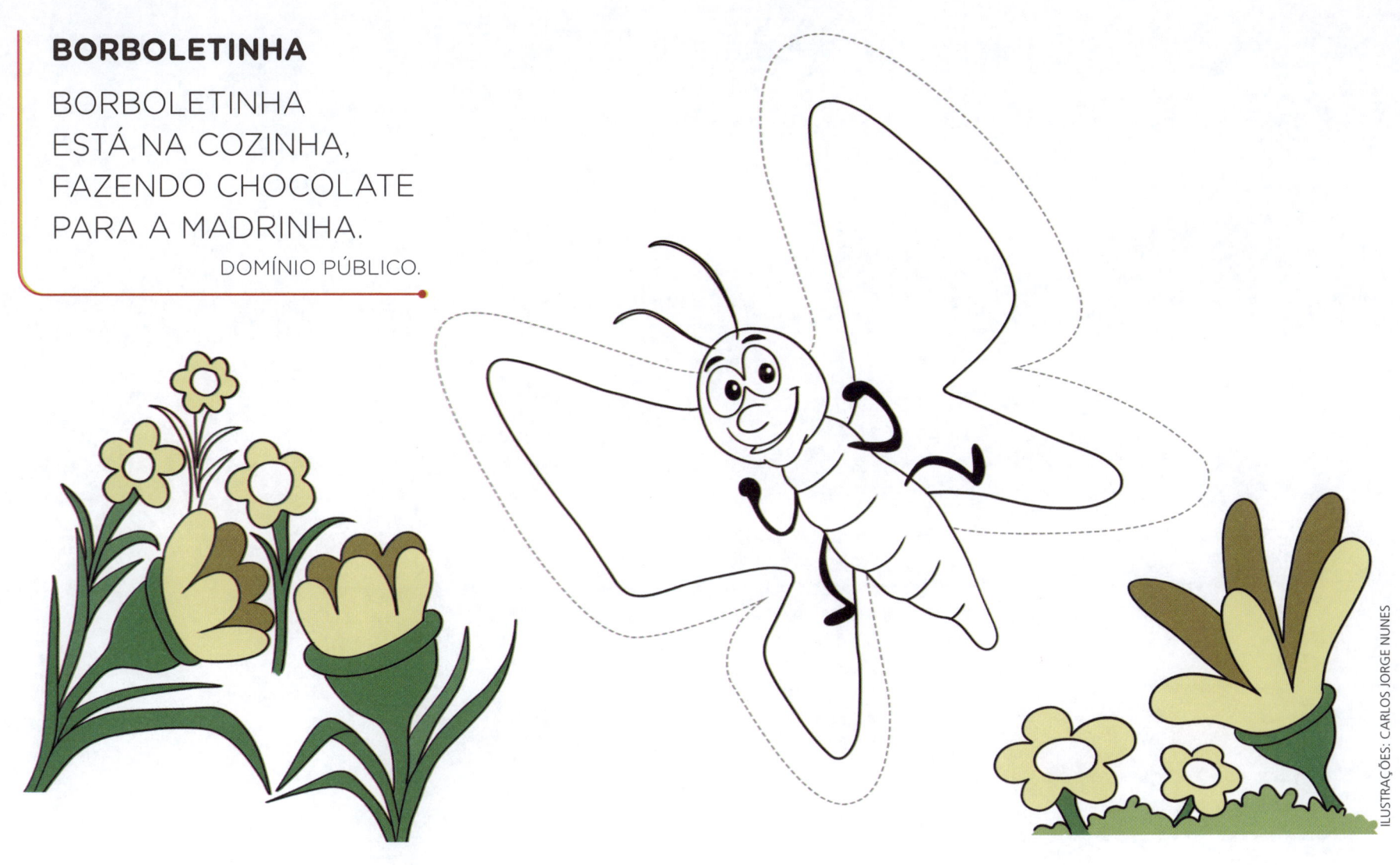

BORBOLETINHA

BORBOLETINHA ESTÁ NA COZINHA, FAZENDO CHOCOLATE PARA A MADRINHA.

DOMÍNIO PÚBLICO.

ILUSTRAÇÕES: CARLOS JORGE NUNES

PINTE A LETRA **O** DA PALAVRA: BORBOLETA

DATA: ____/____/____

35

CUBRA O TRACEJADO DA LETRA **O**.

DEPOIS, ESCREVA LIVREMENTE ESSA LETRA NO ESPAÇO ABAIXO.

DATA: ____/____/____

OBSERVE A CENA E FALE O NOME DOS OBJETOS.

PINTE OS OBJETOS QUE TÊM O NOME INICIADO PELA LETRA **O**.

DATA: _____ / _____ / _____

FALE O NOME DE CADA FIGURA. DEPOIS, PINTE A LETRA **O** NAS PALAVRAS.

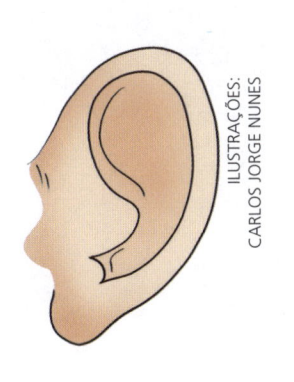

ÓCULOS

OLÍVIA

ORELHA

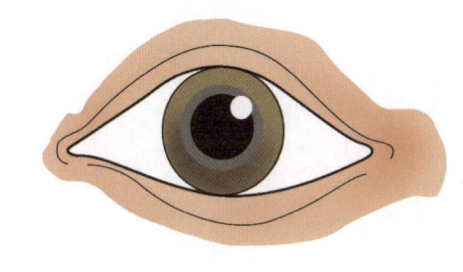

ONÇA

OLHO

OTÁVIO

ILUSTRAÇÕES: CARLOS JORGE NUNES

DATA: _____/_____/_____

LIÇÃO 32

A PROFESSORA VAI LER UM POEMA.

PASSE O DEDO NA LETRA **U**, DE ACORDO COM A INDICAÇÃO DAS SETAS.

PINTE A LETRA **U**.

URUBU

URUBU NA VALETA
DE GUARDA-CHUVA E MALETA.

URUBU NA LAVOURA
DE BOTINA E VASSOURA.

URUBU NA ESCOLA
DÁ LIÇÕES DE VIOLA.

CYRO DE MATTOS. **O MENINO CAMELÔ**.
SÃO PAULO: ATUAL, 2004.

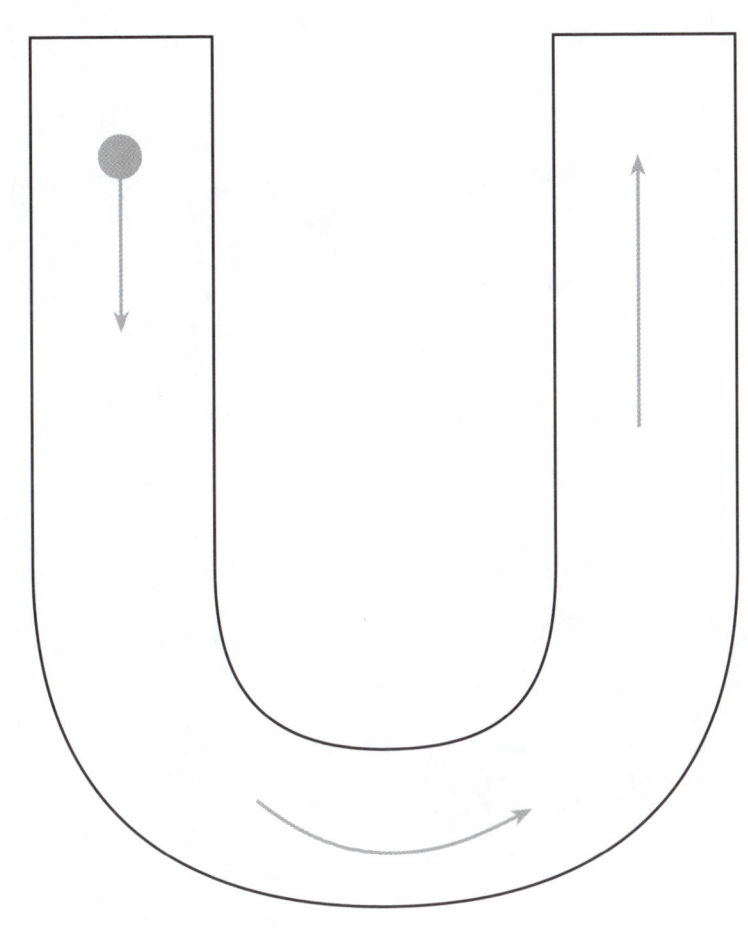

CARLOS JORGE NUNES

DATA: _____/_____/_____

39

LIÇÃO 33

PINTE A FIGURA E AS LETRAS **U** DA PALAVRA.

URUBU

CARLOS JORGE NUNES

DATA: ____/____/____

40

LIÇÃO 34

CUBRA O TRACEJADO DA LETRA **U**.
DEPOIS, ESCREVA LIVREMENTE ESSA LETRA NO ESPAÇO ABAIXO.

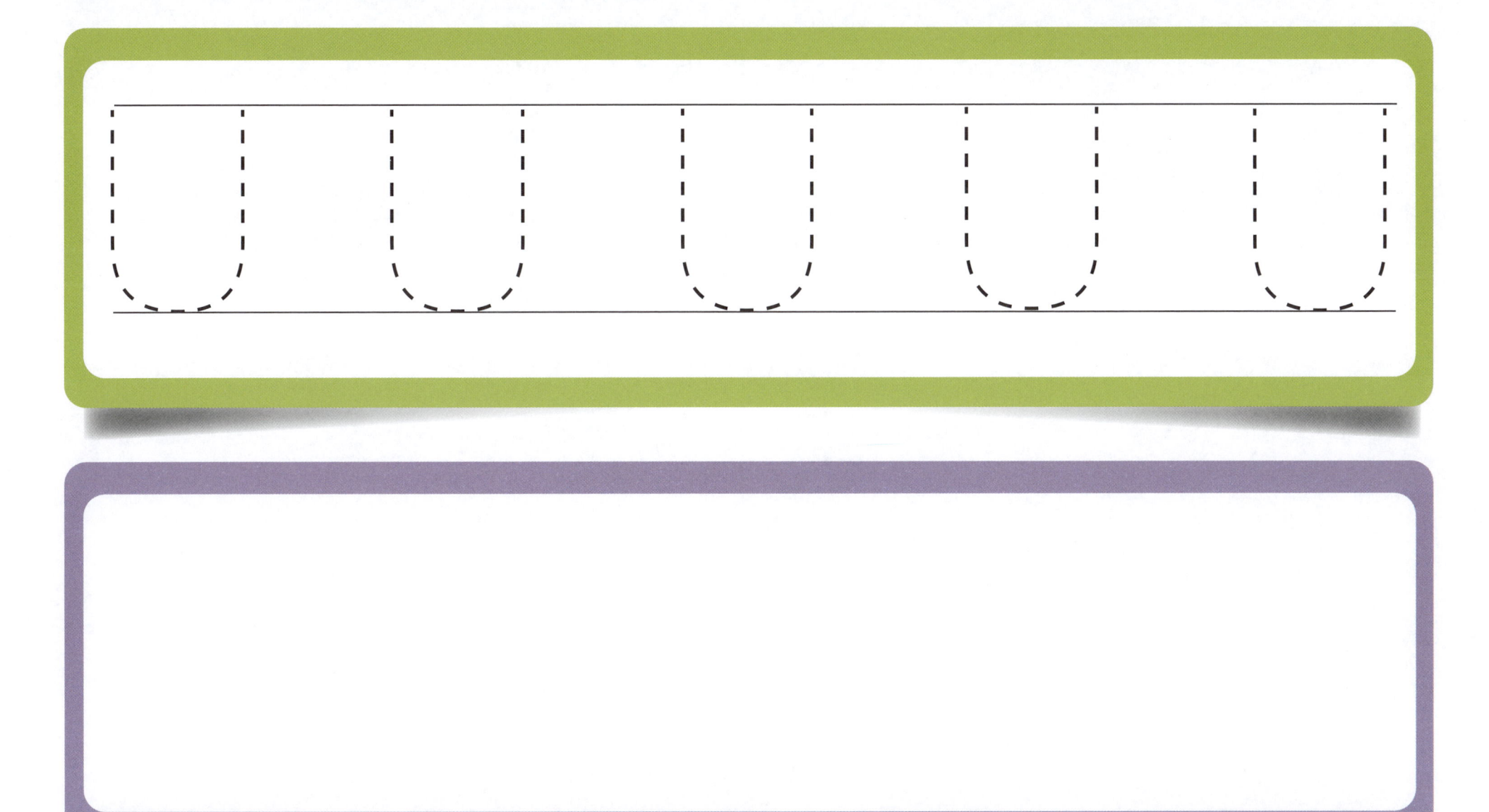

DATA: ____/____/____

41

LIÇÃO 35

CONTE E ESCREVA QUANTAS VEZES A LETRA **U** APARECE EM CADA PALAVRA.

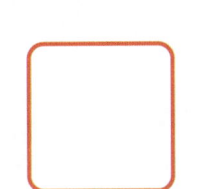

URSO

TUCANO

CHUCHU

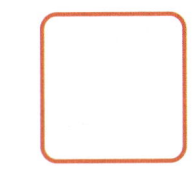

URUBU

CORUJA

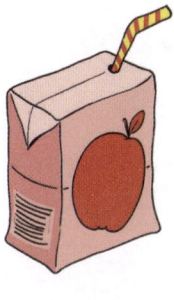

SUCO

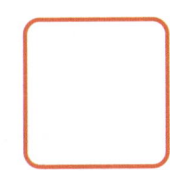

DATA: ____/____/____

42

LIÇÃO 36

LEIA O NOME DAS FIGURAS COM A PROFESSORA.
PINTE A LETRA **U** NAS PALAVRAS.

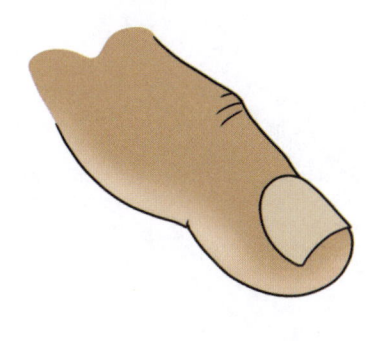

UNHA

URUBU

UM

URSINHO

UMBIGO

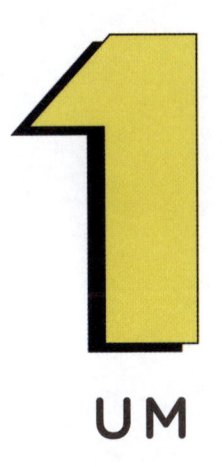

ULISSES

DATA: ____/____/____

CIRCULE EM CADA COLUNA AS FIGURAS QUE TÊM O NOME INICIADO PELA LETRA EM DESTAQUE.

A	E	I	O	U

44

LIÇÃO 38

✏️ ENCONTRE NO QUADRO A LETRA INICIAL DO NOME DE CADA FIGURA. DEPOIS, ESCREVA ESSA LETRA NA ETIQUETA.

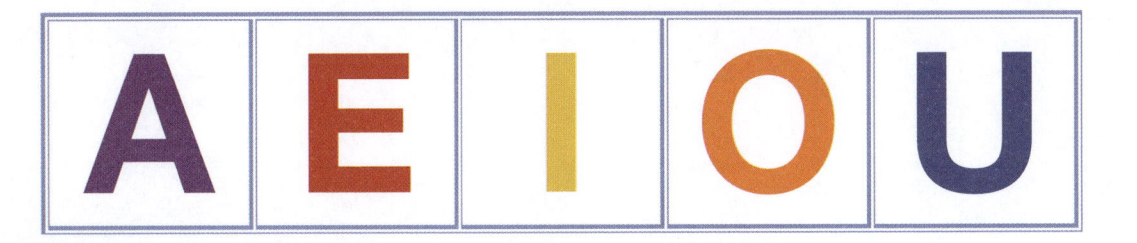

| A | E | I | O | U |

ILUSTRAÇÕES: CARLOS JORGE NUNES

DATA: ____/____/____

45

LIÇÃO 39

COMPLETE AS PEÇAS DO JOGO COM LETRAS IGUAIS ÀS ANTERIORES.

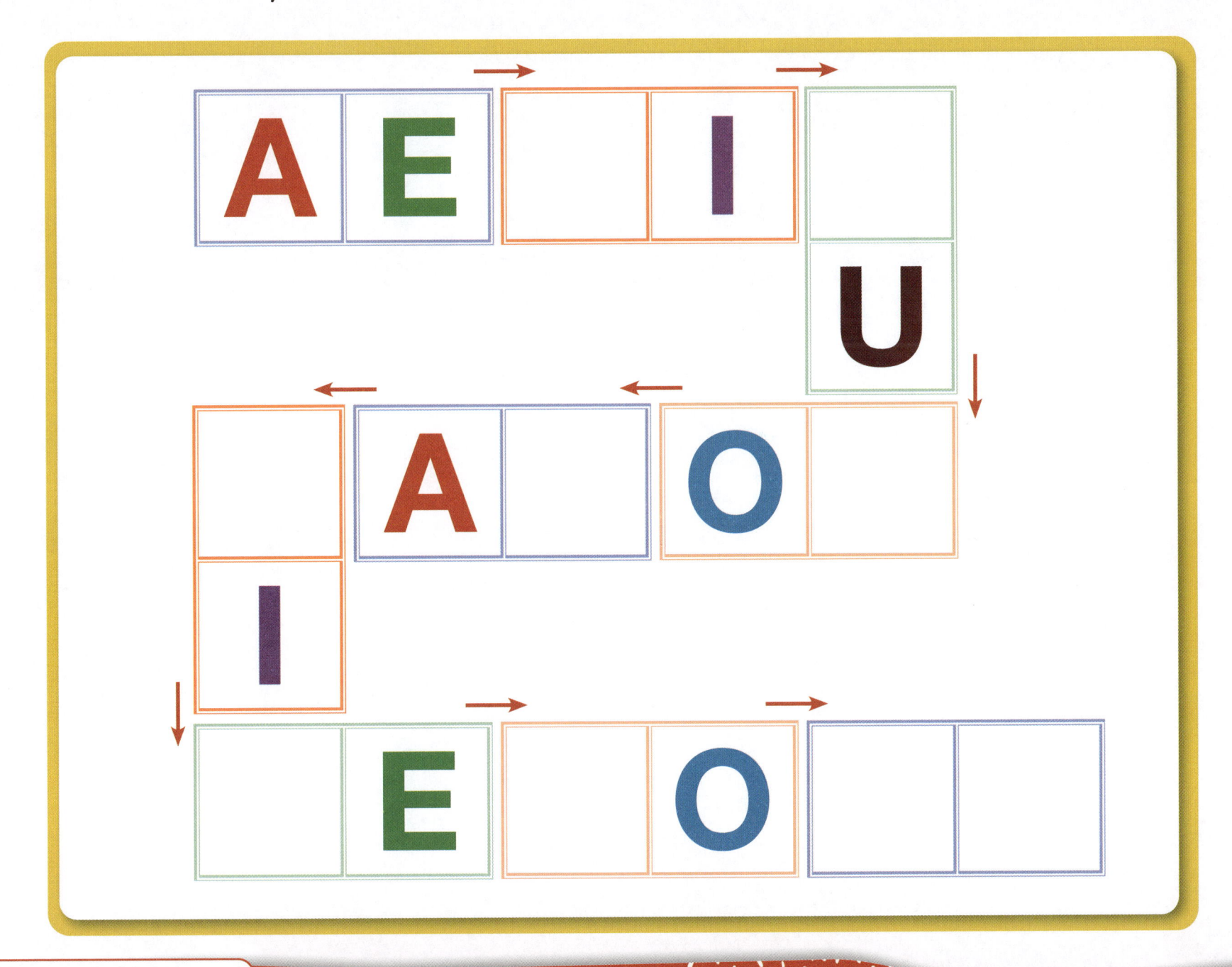

DATA: ____/____/____

COLE OS ANIMAIS AO LADO DA LETRA INICIAL DO NOME DELES. USE OS ADESIVOS DA PÁGINA 164.

A

E

I

O

U

DATA: _____/_____/_____

LIÇÃO 41

OUÇA A LEITURA QUE A PROFESSORA VAI FAZER. CIRCULE AS FIGURAS QUE COMEÇAM COM O MESMO SOM DE **ANEL**, **ESTRELA** E **IGREJA**.

ILUSTRAÇÕES: CARLOS JORGE NUNES

| ANEL | ABACAXI | NAVIO | CAVALO |

| ESTRELA | PERA | ESQUILO | MESA |

| IGREJA | CASA | SACOLA | ILHA |

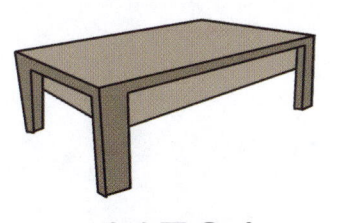

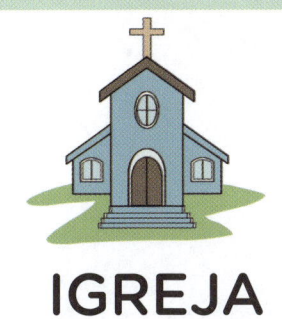

DATA: _____ / _____ / _____

48

LIÇÃO 42

OUÇA A LEITURA QUE A PROFESSORA VAI FAZER. CIRCULE AS FIGURAS QUE COMEÇAM COM O MESMO SOM DE **OVELHA** E **UVAS**.

| OVELHA | PERA | CACHORRO | ÔNIBUS |

| UVAS | SUCO | URUBU | NUVEM |

ILUSTRAÇÕES: CARLOS JORGE NUNES

DATA: ____/____/____

49

LIÇÃO 45

A PROFESSORA VAI LER O NOME DE CADA FIGURA.
PINTE AS VOGAIS NAS PALAVRAS.

BANANA

MELANCIA

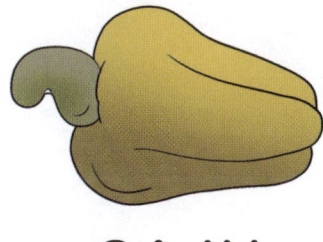

CAJU

UVAS

MAÇÃ

ABACAXI

ILUSTRAÇÕES: CARLOS JORGE NUNES

DATA: _____/_____/_____

✏️ ESCREVA SEU NOME. COPIE DO SEU CRACHÁ.
COLOQUE CADA LETRA EM UM QUADRINHO.

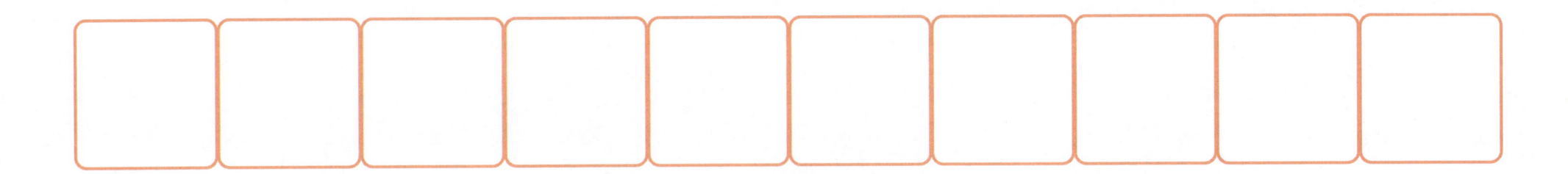

✏️ ESCREVA NO QUADRINHO:

A ÚLTIMA LETRA DO SEU NOME

A PRIMEIRA LETRA DO SEU NOME

DATA: ____ / ____ / ____

LIÇÃO 43

✏️ ESCUTE A HISTÓRIA QUE A PROFESSORA VAI LER. DEPOIS, DESENHE-A.

DATA: _____ / _____ / _____

MATEMÁTICA

QUANTOS ANOS VOCÊ TEM?

PINTE A QUANTIDADE DE VELINHAS EM RELAÇÃO À SUA IDADE.

DATA: ____/____/____

LIÇÃO 47

CONTINUE A PINTAR COM AS CORES INDICADAS.

QUAIS CORES VOCÊ USOU PARA PINTAR?

DATA: ____/____/____

55

LIÇÃO 48

PINTE AS FORMAS IGUAIS COM AS MESMAS CORES.

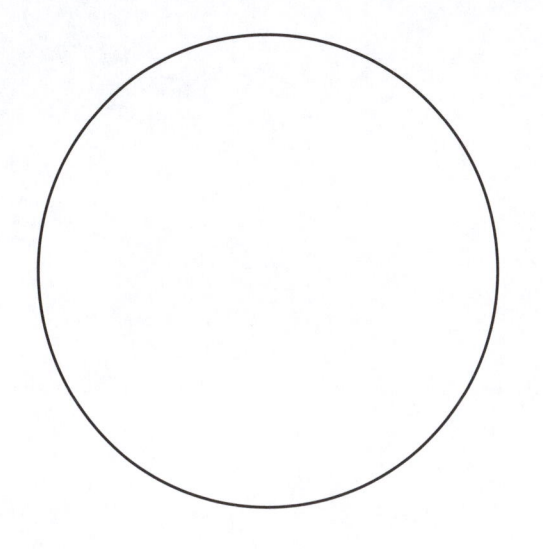

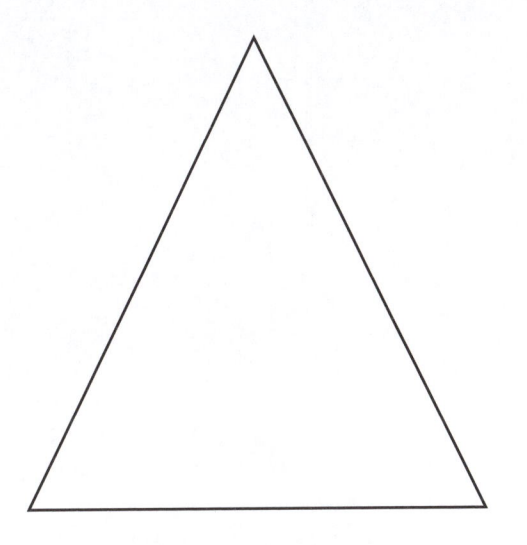

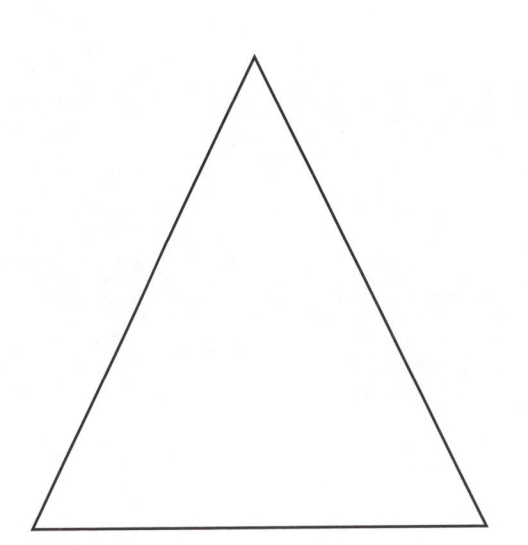

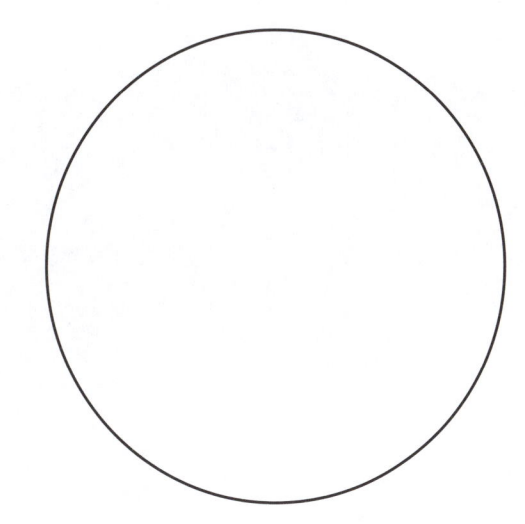

DATA: _____/_____/_____

56

LIÇÃO 49

PINTE O BRINQUEDO **DIFERENTE**.

ILUSTRAÇÕES: CONEXÃO EDITORIAL

DATA: ____/____/____

57

LIÇÃO 50

CIRCULE DE VERMELHO A BOLA **GRANDE**.

QUAL É A COR DA BOLA **PEQUENA**?

DATA: ____ / ____ / ____

58

LIÇÃO 51

CIRCULE A MENINA QUE TEM O CABELO MAIS **CURTO**.

MARQUE UM **X** NA MENINA QUE TEM O CABELO MAIS **COMPRIDO**.

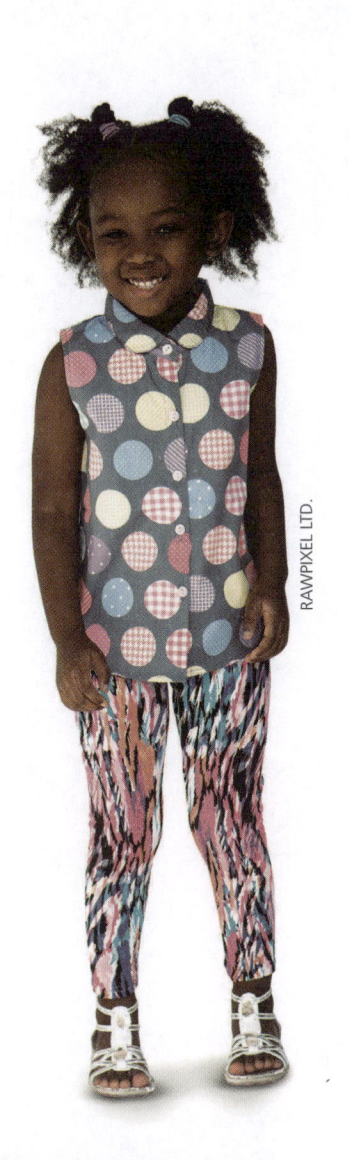

59

LIÇÃO 52

CIRCULE A CRIANÇA MAIS **ALTA**.

MARQUE **X** NA CRIANÇA MAIS **BAIXA**.

CIRCULE A FIGURA QUE REPRESENTA O BRINQUEDO MAIS **PESADO**.
MARQUE UM **X** NA FIGURA QUE MOSTRA O BRINQUEDO MAIS **LEVE**.

DATA: _____ / _____ / _____

LIÇÃO 54

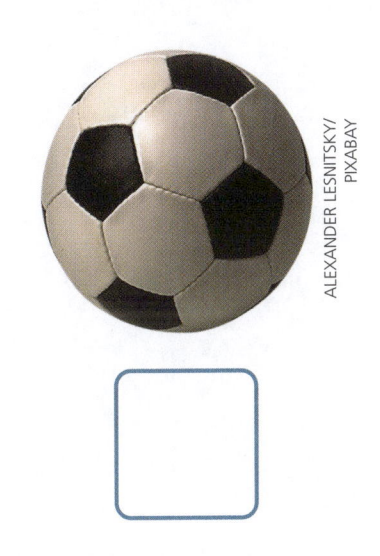

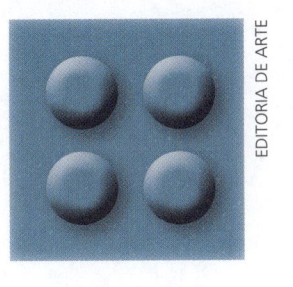

MARQUE UM **X** NOS OBJETOS QUE TÊM A FORMA **QUADRADA**. USE GIZ DE CERA.

DATA: _____/_____/_____

62

LIÇÃO 35

AS CRIANÇAS ESTÃO TOCANDO NA BANDINHA DA ESCOLA. CIRCULE A FOTO DO INSTRUMENTO QUE SE PARECE COM UM **TRIÂNGULO**.

DATA: ____/____/____

63

LIÇÃO 38

- PINTE O OBJETO QUE ESTÁ **EMBAIXO** DA CAMA.
- DESENHE UM OBJETO **EM CIMA** DA MESA.

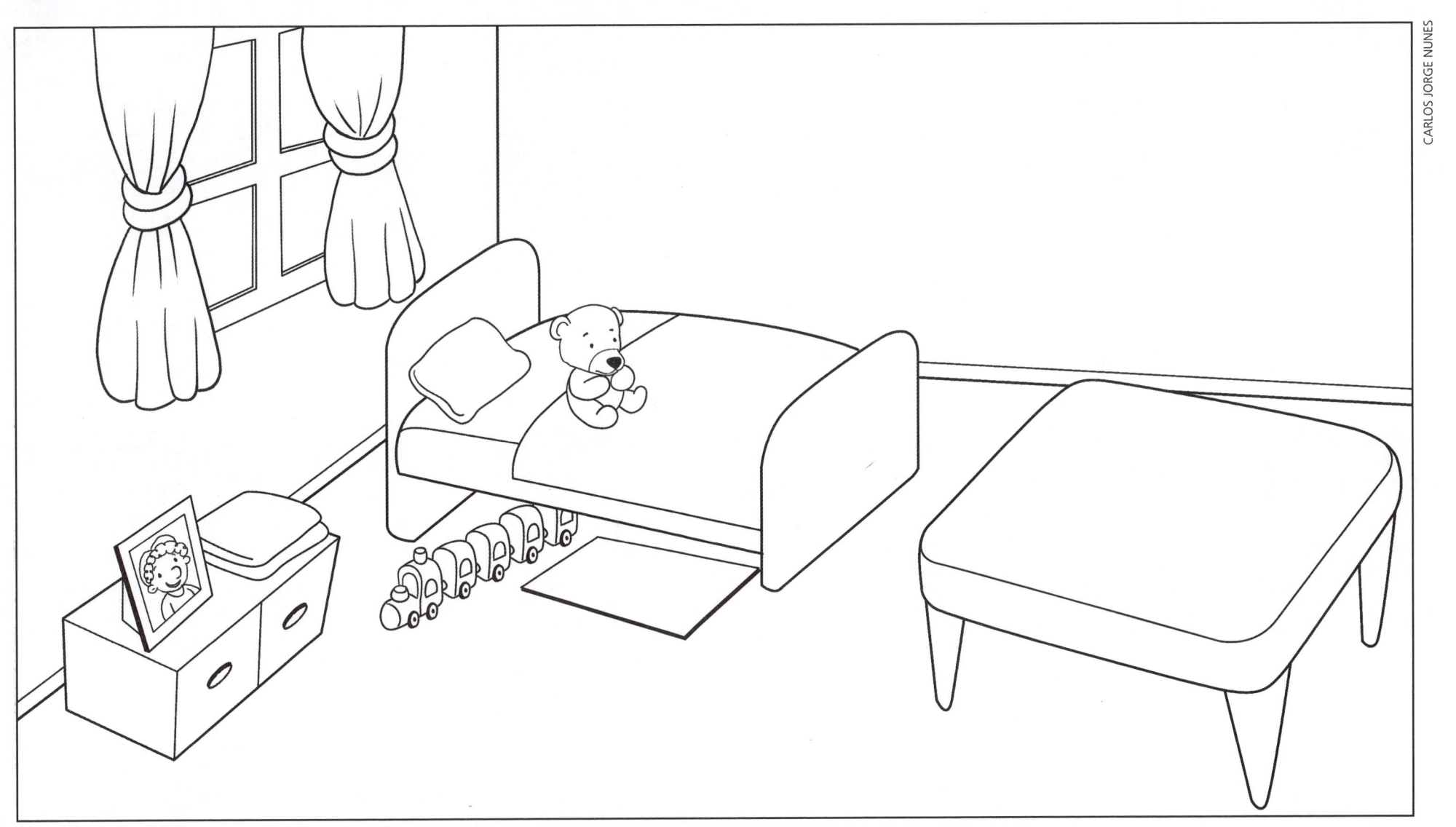

DATA: ____/____/____

64

LIÇÃO 37

CIRCULE OS ALUNOS QUE ESTÃO **DENTRO** DA SALA DE AULA.

QUANTOS ALUNOS ESTÃO **FORA** DA SALA DE AULA?

DATA: ____ / ____ / ____

65

LIÇÃO 58

CIRCULE A CRIANÇA QUE ESTÁ **DE COSTAS** PARA VOCÊ.

A CRIANÇA QUE ESTÁ **DE FRENTE** PARA VOCÊ É UM MENINO OU UMA MENINA?

DATA: _____ / _____ / _____

66

A PROFESSORA VAI EXPLICAR A BRINCADEIRA "CORRE, CUTIA".
MARQUE COM UM / A CRIANÇA QUE ESTÁ **EM PÉ** NA RODA.
CIRCULE AS CRIANÇAS QUE ESTÃO **SENTADAS** DE COSTAS PARA VOCÊ.

DATA: _____/_____/_____

O POTE VERMELHO TEM **MUITOS** LÁPIS.

DESENHE **POUCOS** LÁPIS NO POTE AMARELO.

DATA: ____/____/____

FAÇA UM **X** NO LIVRO QUE ESTÁ **ABERTO**.

FAÇA UM **O** NO LIVRO QUE ESTÁ **FECHADO**.

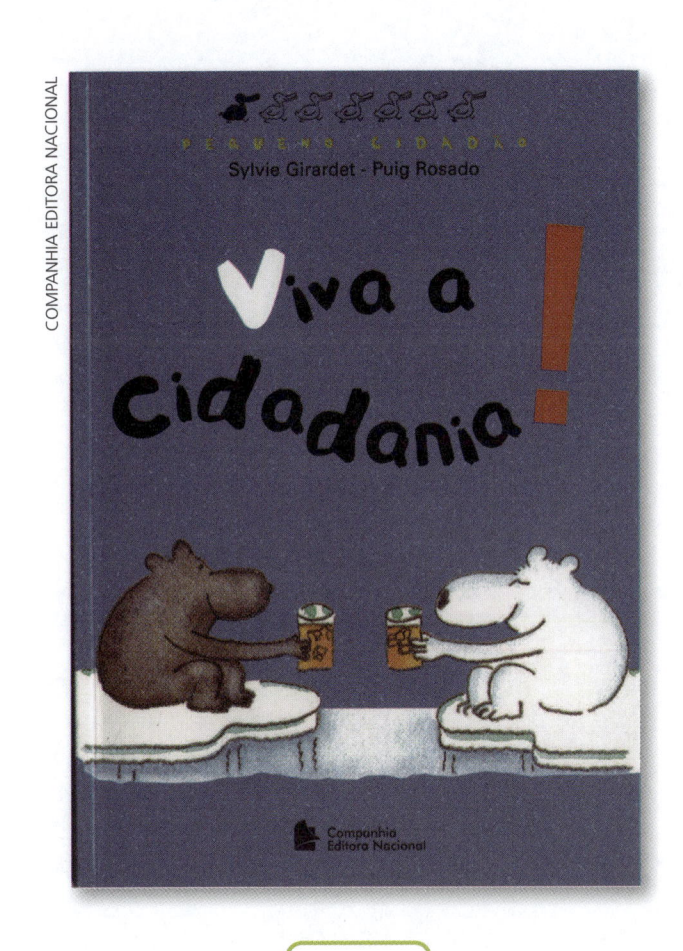

DATA: ____/____/____

LIÇÃO 62

PINTE O NÚMERO 1. USE TINTA AMARELA.

FOI NA LOJA DO MESTRE ANDRÉ

FOI NA LOJA DO MESTRE ANDRÉ
QUE EU COMPREI UM PIANINHO
PLIM, PLIM, PLIM UM PIANINHO
AI OLÉ, AI OLÉ!
FOI NA LOJA DO MESTRE ANDRÉ!

DOMÍNIO PÚBLICO.

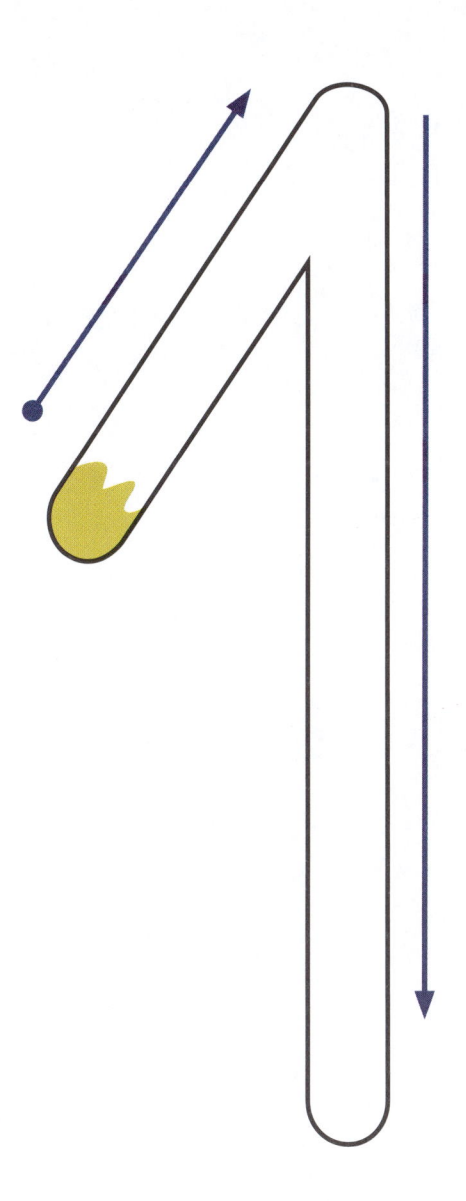

DATA: ___/___/___

CIRCULE O POTE QUE TEM **1** LÁPIS.

1

LIÇÃO 64

CUBRA O TRACEJADO DO NÚMERO 1.

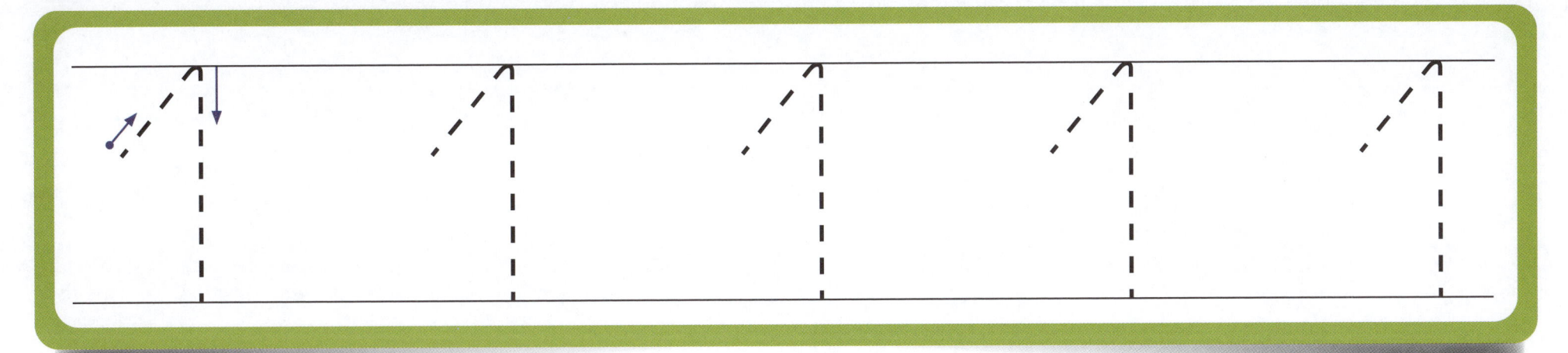

CONTE E PINTE 1 CACHORRINHO.

ILUSTRAÇÕES: IMAGINÁRIO STUDIO

DATA: ____/____/____

72

LIÇÃO 65

PINTE O NÚMERO 2. USE TINTA AZUL.

A GALINHA PINTADINHA
E O GALO CARIJÓ.
A GALINHA USA SAIA
E O GALO PALETÓ.
DOMÍNIO PÚBLICO.

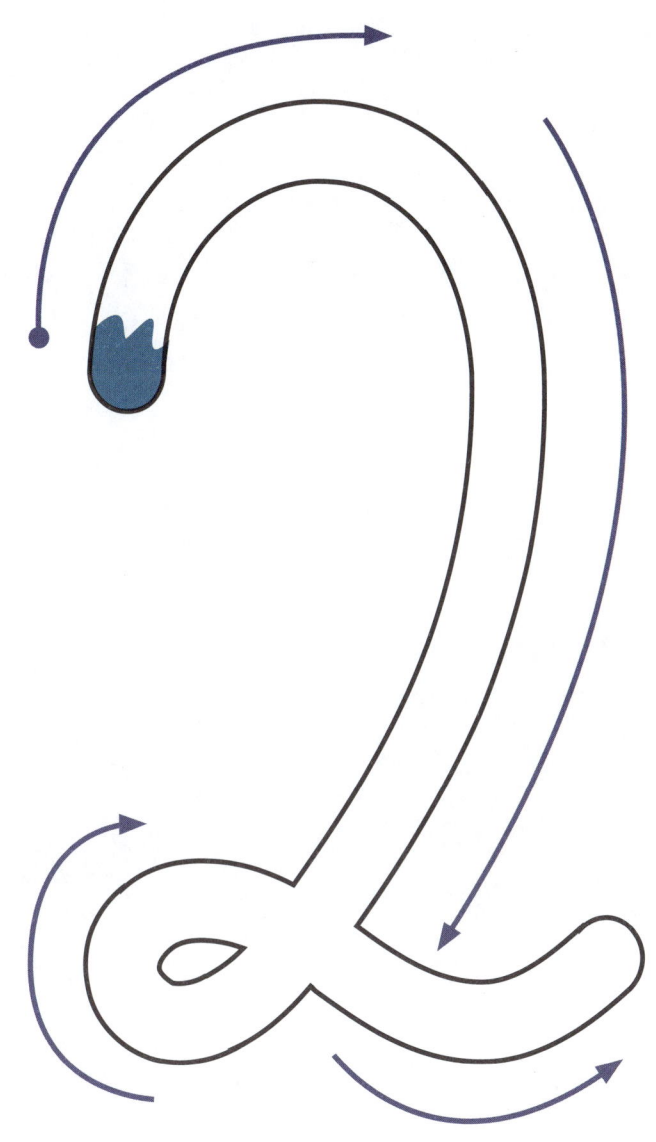

CARLOS JORGE NUNES

DATA: _____/_____/_____

73

LIÇÃO 66

QUANTAS CRIANÇAS ESTÃO BRINCANDO?

2

REPRESENTE A QUANTIDADE DE CRIANÇAS. PINTE UM QUADRINHO PARA CADA CRIANÇA QUE ESTÁ BRINCANDO.

VOCÊ SABE O NOME DO BRINQUEDO MOSTRADO NA CENA? JÁ BRINCOU NELE? COM QUEM? CONTE AOS COLEGAS.

DATA: ____/____/____

LIÇÃO 67

CUBRA O TRACEJADO DO NÚMERO 2.

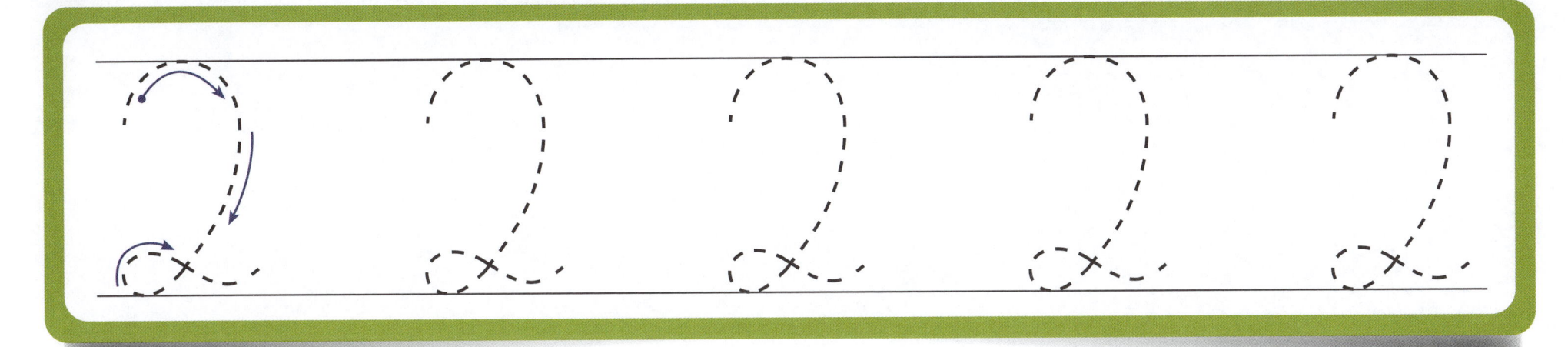

CONTE E PINTE 2 CARRINHOS.

ILUSTRAÇÕES: CARLOS JORGE NUNES

DATA: ____/____/____

75

LIÇÃO 68

PINTE O NÚMERO 3. USE TINTA VERMELHA.

> TRÊS CRIANÇAS A BRINCAR,
> TRÊS CAVALOS A CORRER,
> E QUEM FOR O MAIS ESPERTO
> VAI NO PIQUE SE ESCONDER!
>
> DOMÍNIO PÚBLICO.

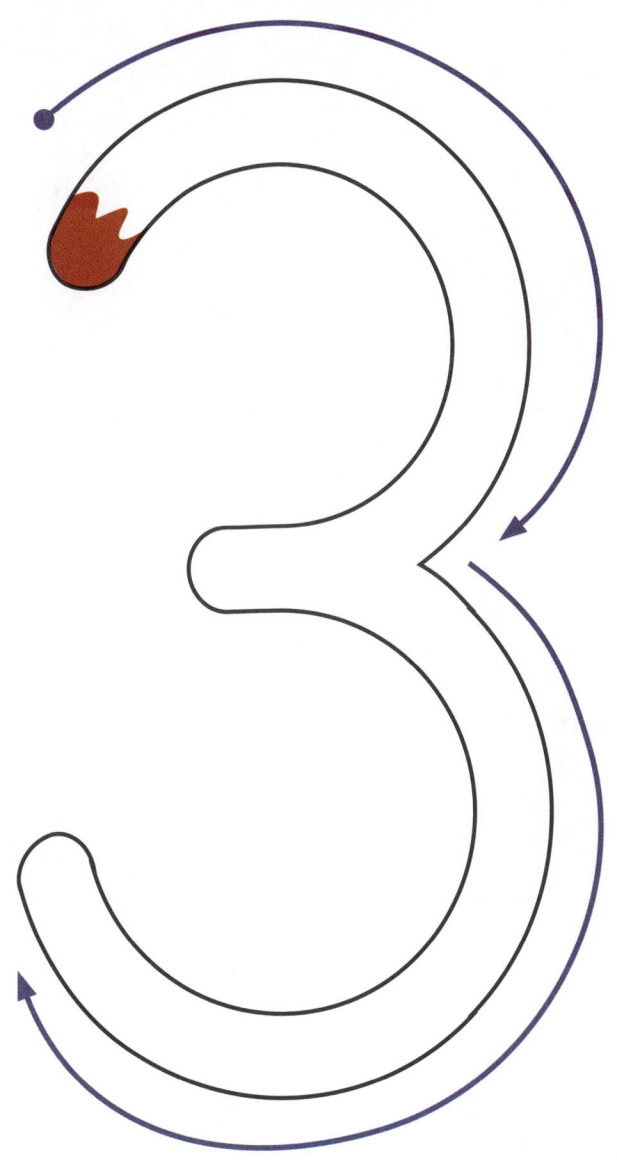

DATA: _____/_____/_____

LIÇÃO 69

PINTE AS **3** BOLAS QUE O PALHAÇO CARREGA.

3

DATA: _____/_____/_____

77

LIÇÃO 70

CUBRA O TRACEJADO DO NÚMERO **3**.

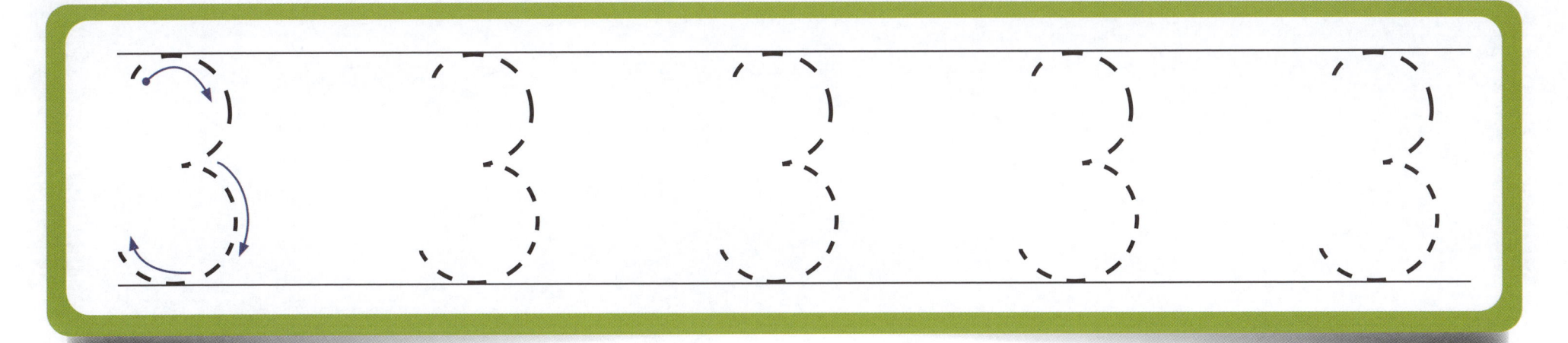

3 3 3 3 3

CONTE E PINTE **3** BONECAS.

ILUSTRAÇÕES: CARLOS JORGE NUNES

DATA: ___/___/___

78

LIÇÃO 71

PINTE O NÚMERO 4. USE TINTA VERDE.

UM, DOIS, TRÊS, QUATRO...
POR AQUI PASSOU UM RATO.
UM, DOIS, TRÊS, QUATRO...
PELA PORTA DO BURACO!

DOMÍNIO PÚBLICO.

CARLOS JORGE NUNES

DATA: ____/____/____

79

LIÇÃO 72

PINTE OS **4** VAGÕES DO TREM.

O TREM DE FERRO

O TREM DE FERRO
QUANDO SAI DE PERNAMBUCO
VAI FAZENDO FUCO-FUCO
ATÉ CHEGAR NO CEARÁ

REBOLA, BOLA
VOCÊ DIZ QUE DÁ, QUE DÁ
VOCÊ DIZ QUE DÁ NA BOLA
NA BOLA VOCÊ NÃO DÁ.

DOMÍNIO PÚBLICO.

4

DATA: ___/___/___

80

LIÇÃO 73

✏️ **CUBRA O TRACEJADO DO NÚMERO 4.**

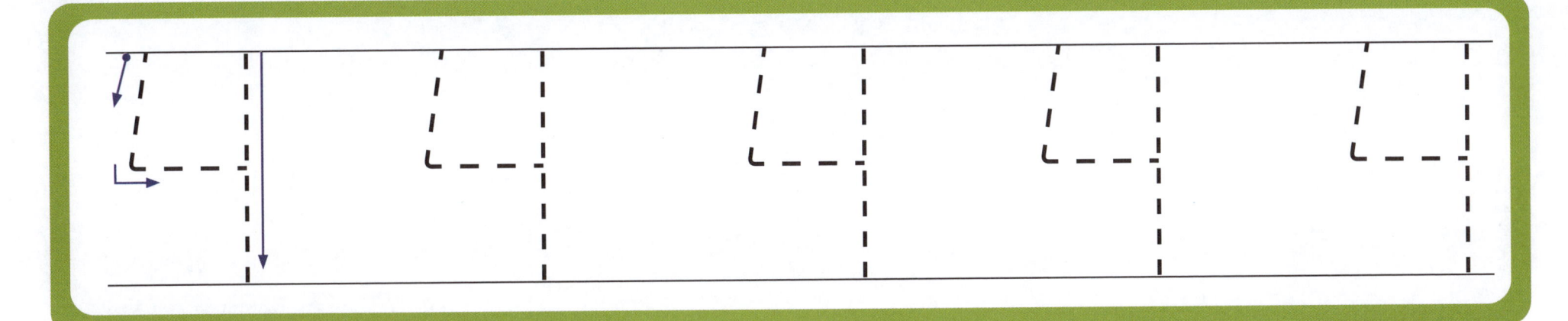

🖍️ **CONTE E PINTE 4 LIVROS.**

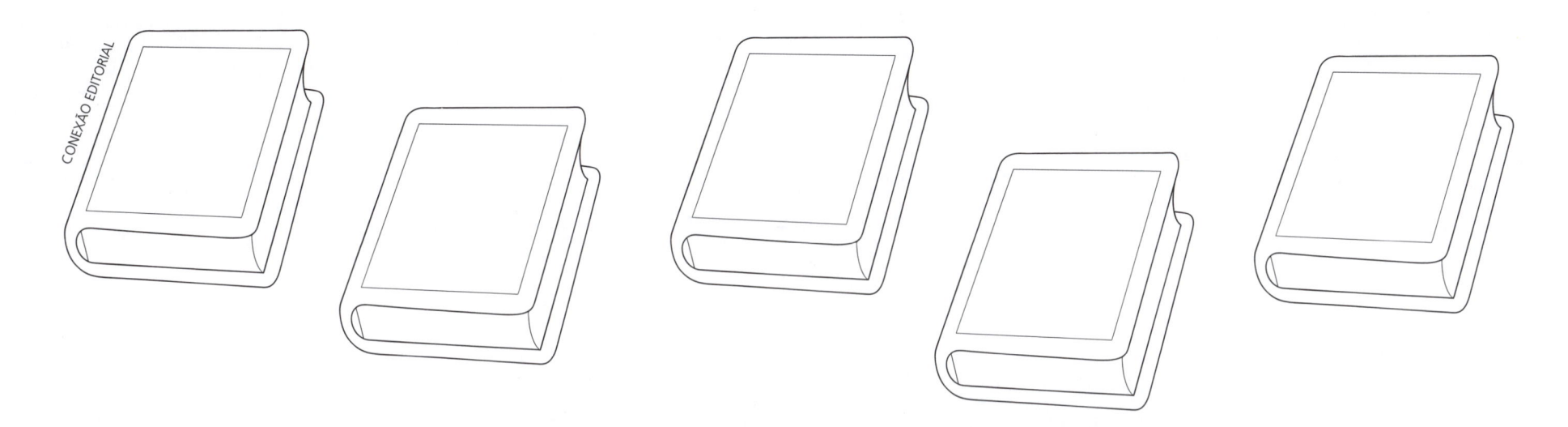

DATA: ____/____/____

81

LIÇÃO 74

🖌 **PINTE O NÚMERO 5. USE TINTA NA COR LARANJA.**

> DEDO MINDINHO,
> SEU-VIZINHO,
> PAI DE TODOS,
> FURA-BOLO,
> MATA-PIOLHO.
>
> DOMÍNIO PÚBLICO.

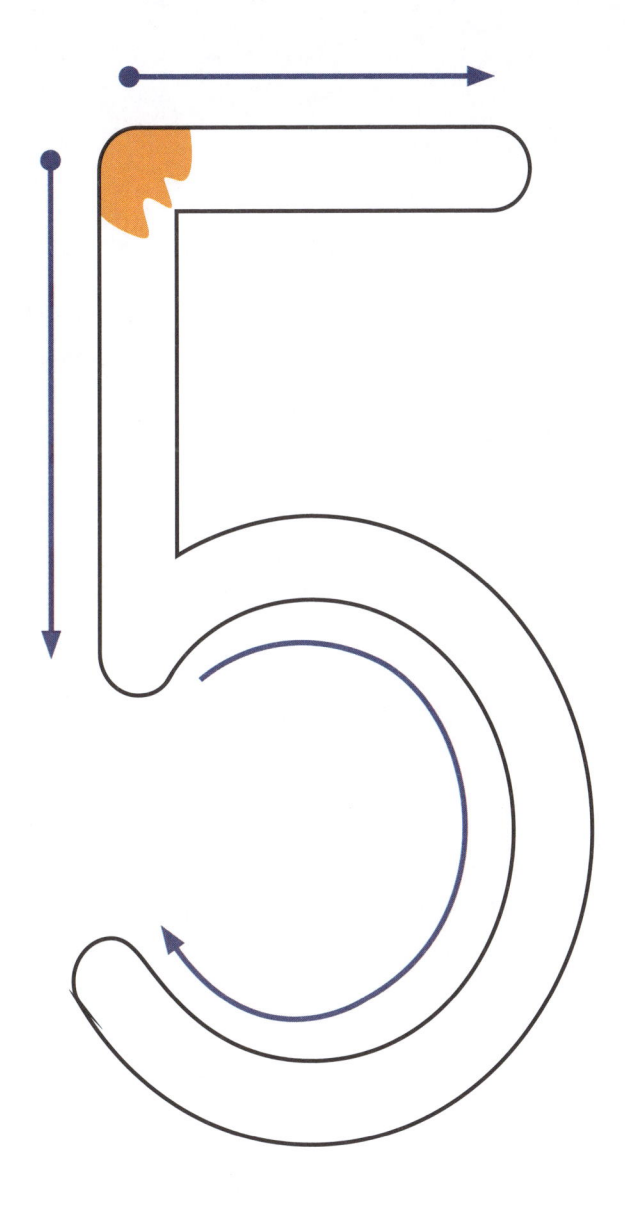

CARLOS JORGE NUNES

DATA: _____/_____/_____

82

LIÇÃO 75

PINTE A CENA E REGISTRE A QUANTIDADE DE ELEMENTOS DESTACADOS AO LADO.

5

DATA: ____/____/____

CUBRA O TRACEJADO DO NÚMERO **5**.

CONTE E PINTE **5** PATINHOS.

DATA: ___/___/___

84

LIÇÃO 77

PINTE O NÚMERO **6**. USE TINTA MARROM.

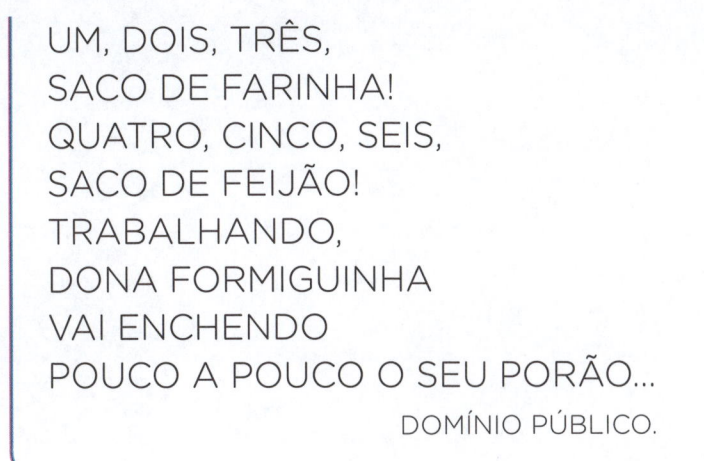

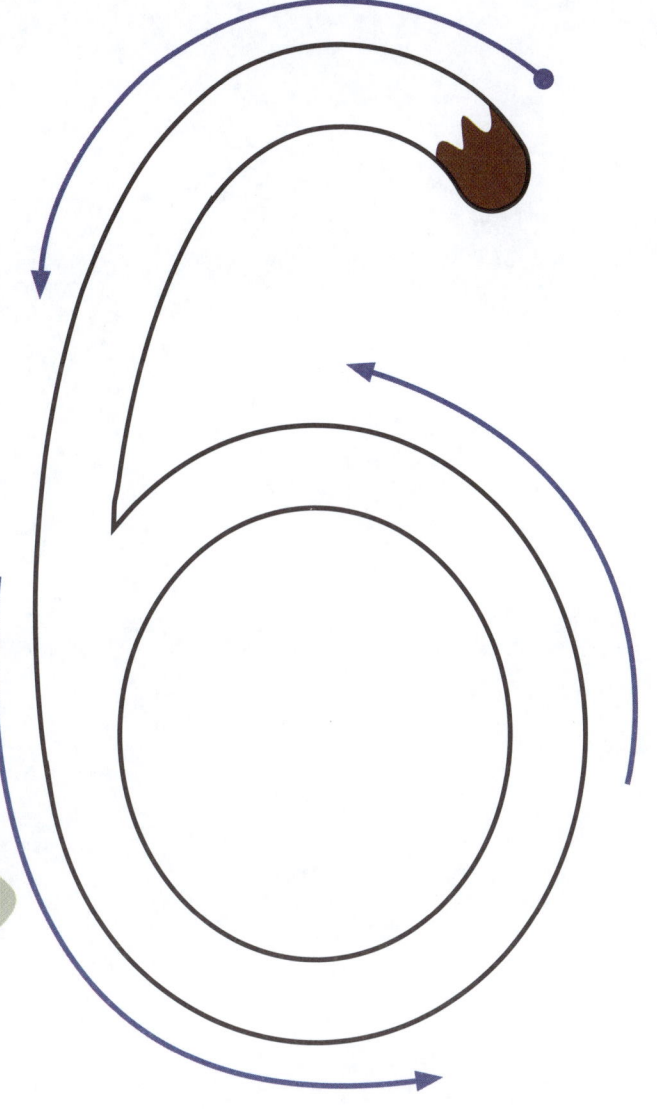

UM, DOIS, TRÊS,
SACO DE FARINHA!
QUATRO, CINCO, SEIS,
SACO DE FEIJÃO!
TRABALHANDO,
DONA FORMIGUINHA
VAI ENCHENDO
POUCO A POUCO O SEU PORÃO...

DOMÍNIO PÚBLICO.

CARLOS JORGE NUNES

DATA: ___/___/___

85

LIÇÃO 78

PINTE OS **6** CHAPÉUS NA MESMA SEQUÊNCIA DE CORES QUE A DOS CHAPÉUS DAS CRIANÇAS.

6

CUBRA O TRACEJADO DO NÚMERO **6**.

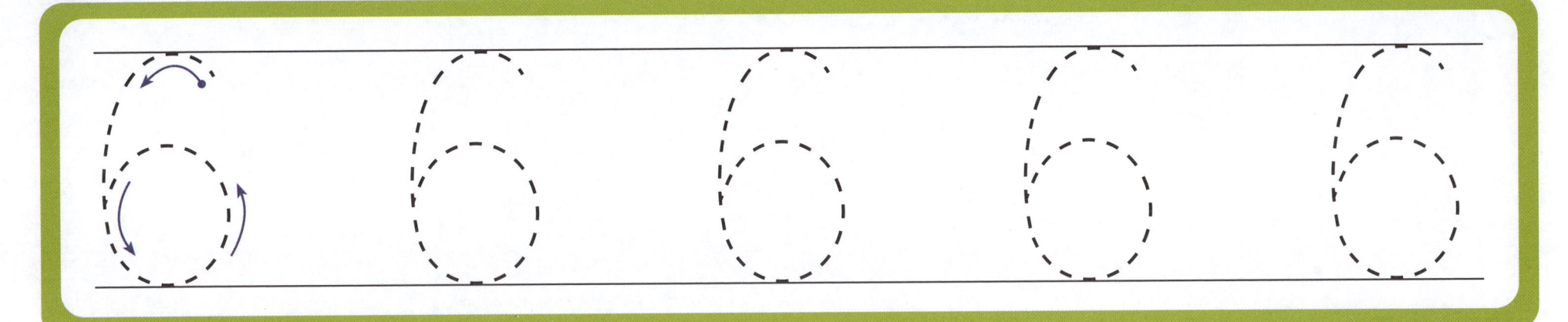

CONTE E PINTE **6** DEDOCHES.

DATA: ____/____/____

LIÇÃO 80

PINTE O NÚMERO **7**. USE TINTA ROSA.

A BARATA

A BARATA DIZ QUE TEM
SETE SAIAS DE FILÓ
É MENTIRA DA BARATA,
ELA TEM É UMA SÓ

RÁ, RÁ, RÁ, RÓ, RÓ, RÓ,
ELA TEM É UMA SÓ!
RÁ, RÁ, RÁ, RÓ, RÓ, RÓ,
ELA TEM É UMA SÓ!

DOMÍNIO PÚBLICO.

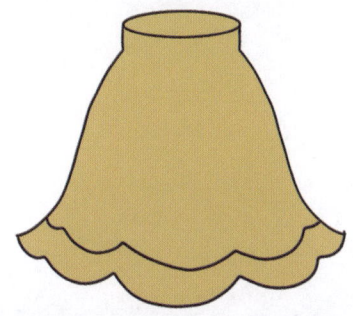

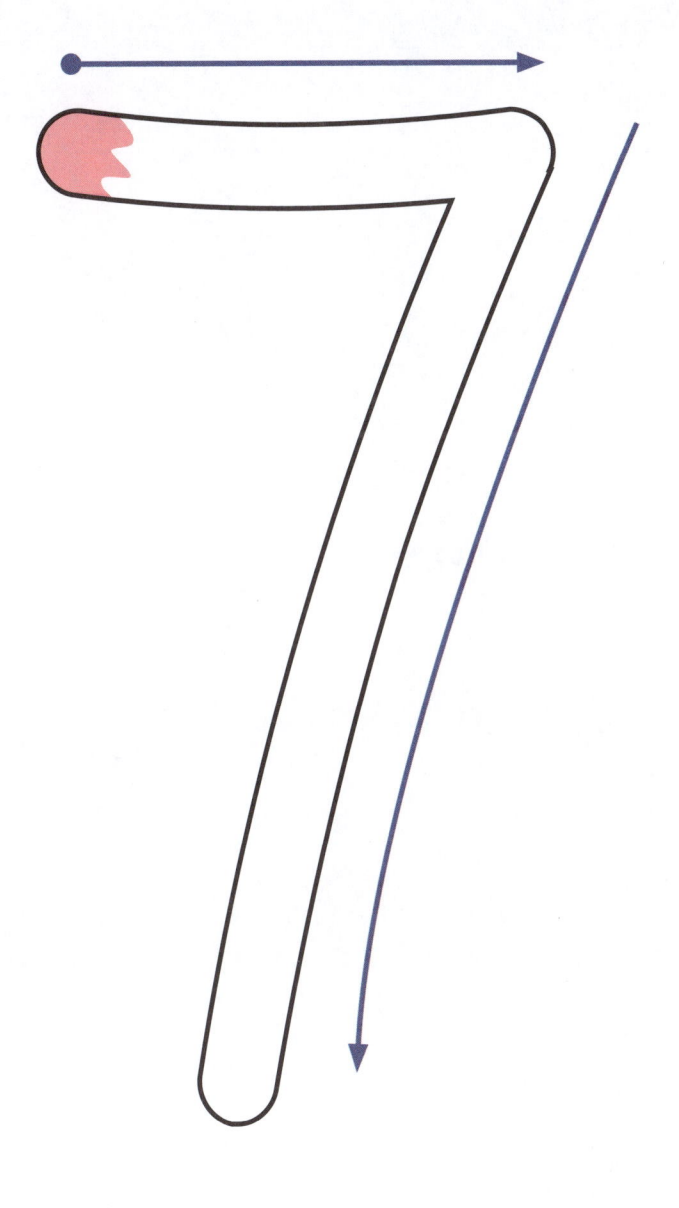

CARLOS JORGE NUNES

DATA: ___/___/___

LIÇÃO 81

DESENHE NA ÁRVORE 7 LIMÕES.

MEU LIMÃO, MEU LIMOEIRO

MEU LIMÃO, MEU LIMOEIRO
MEU PÉ DE JACARANDÁ
UMA VEZ, TINDOLELÊ
OUTRA VEZ, TINDOLALÁ

DOMÍNIO PÚBLICO.

7

CARLOS JORGE NUNES

DATA: ____/____/____

LIÇÃO 82

CUBRA O TRACEJADO DO NÚMERO 7.

CONTE E PINTE 7 MAÇÃS.

DATA: ____/____/____

90

LIÇÃO 83

PINTE O NÚMERO 8. USE TINTA ROXA.

UM, DOIS, FEIJÃO COM ARROZ

UM, DOIS, FEIJÃO COM ARROZ;
TRÊS, QUATRO, FEIJÃO NO PRATO;
CINCO, SEIS, FEIJÃO INGLÊS;
SETE, OITO; COMER BISCOITO.

DOMÍNIO PÚBLICO.

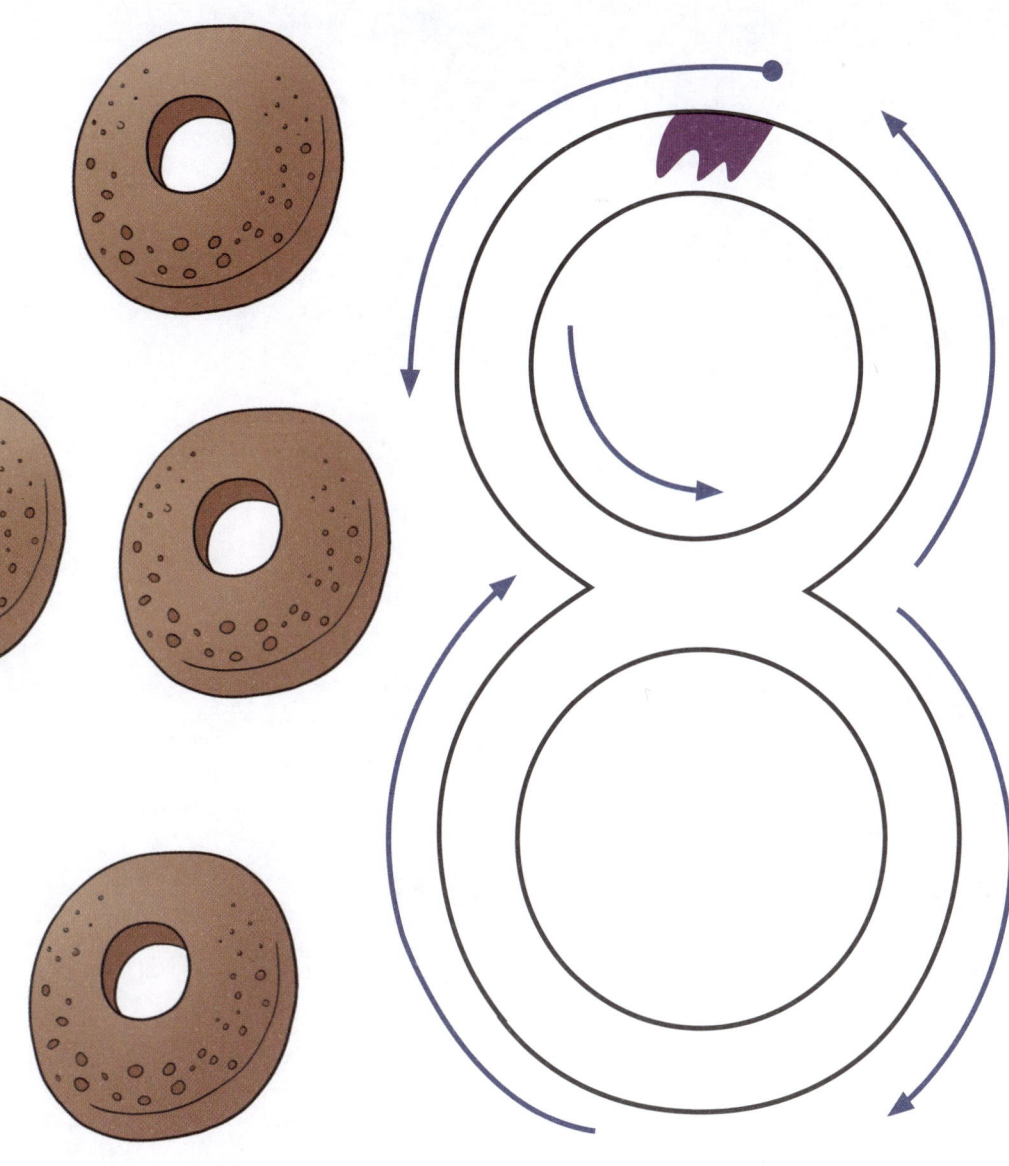

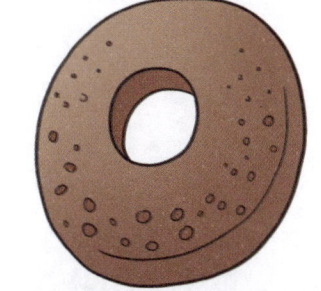

CARLOS JORGE NUNES

DATA: ____/____/____

LIÇÃO 84

COMPLETE O CORPO DA CENTOPEIA.

MOLHE SEU DEDO NA TINTA E CARIMBE **8** VEZES NA FOLHA.

8

DATA: ____/____/____

LIÇÃO 85

CUBRA O TRACEJADO DO NÚMERO 8.

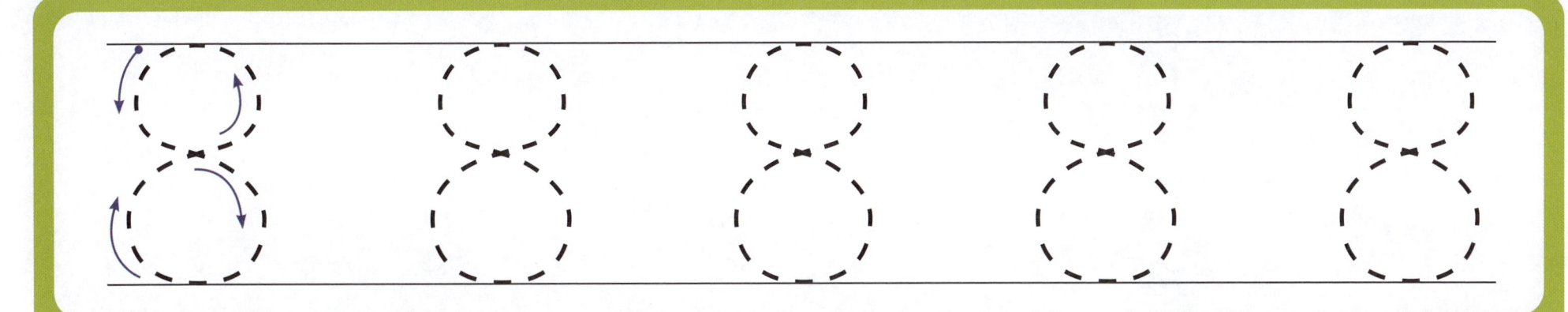

CONTE E PINTE 8 CAVALINHOS.

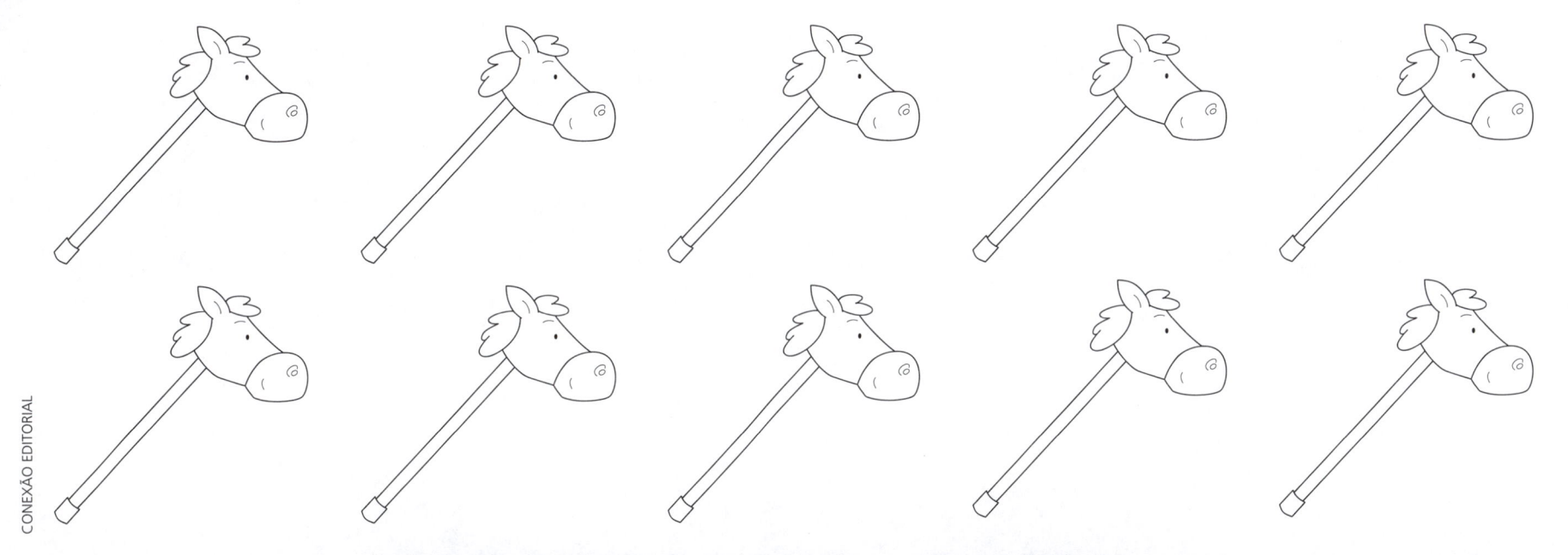

DATA: _____/_____/_____

93

LIÇÃO 86

PINTE O NÚMERO 9. USE TINTA AZUL-CLARA.

GALINHA-CHOCA CHOCOU UM OVO,
SAIU MINHOCA DA PERNA TORTA.
DO GALINHEIRO SAIU DINHEIRO:
CHOCA 1, CHOCA 2, CHOCA 3,
CHOCA 4, CHOCA 5, CHOCA 6,
CHOCA 7, CHOCA 8, CHOCA 9!

DOMÍNIO PÚBLICO.

CARLOS JORGE NUNES

DATA: _____/_____/_____

94

LIÇÃO 8

DESENHE **9** INDIOZINHOS NO BOTE.

9

DATA: _____ /_____ /_____

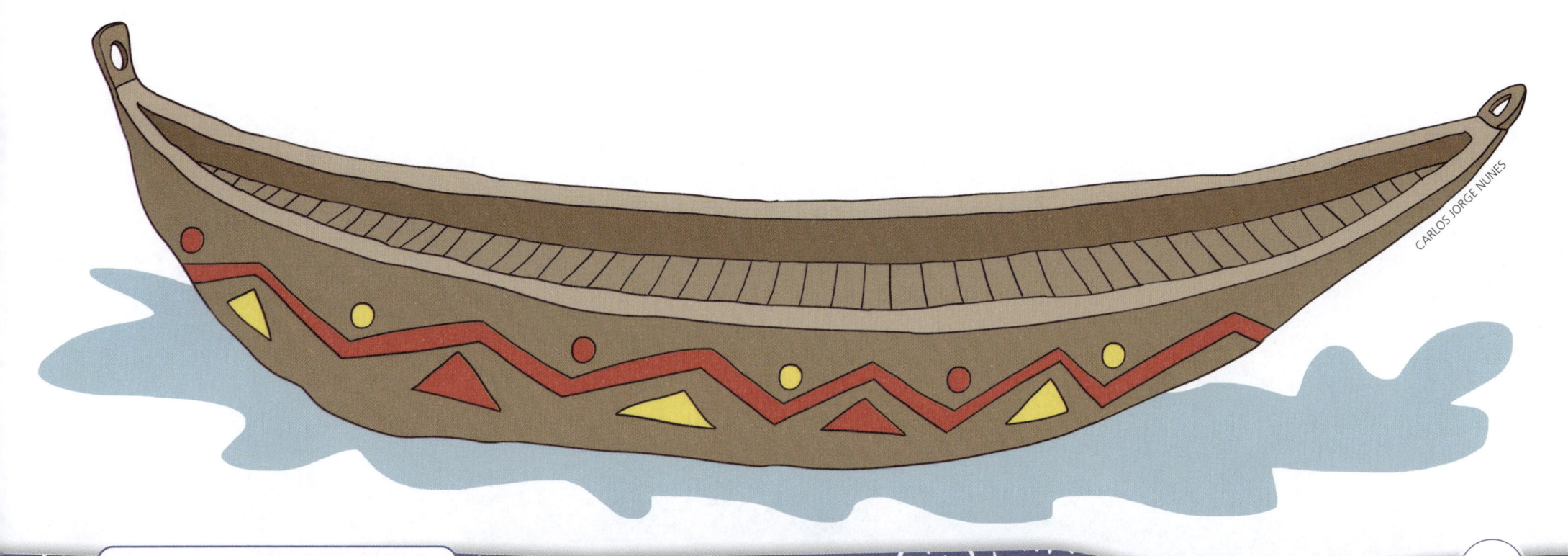

95

LIÇÃO 88

CUBRA O TRACEJADO DO NÚMERO **9**.

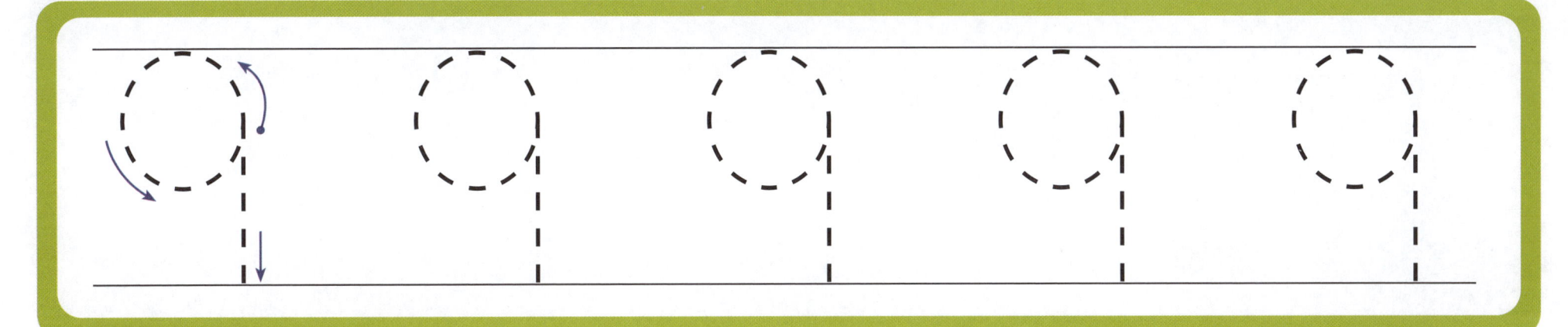

CONTE E PINTE **9** SAPOS.

DATA: ____/____/____

96

PINTE O NÚMERO **10**. USE TINTA VERDE-CLARA.

A GALINHA DO VIZINHO

A GALINHA DO VIZINHO
BOTA OVO AMARELINHO.
BOTA UM,
BOTA DOIS,
BOTA TRÊS,
BOTA QUATRO,
BOTA CINCO,
BOTA SEIS,
BOTA SETE,
BOTA OITO,
BOTA NOVE,
BOTA DEZ!

DOMÍNIO PÚBLICO.

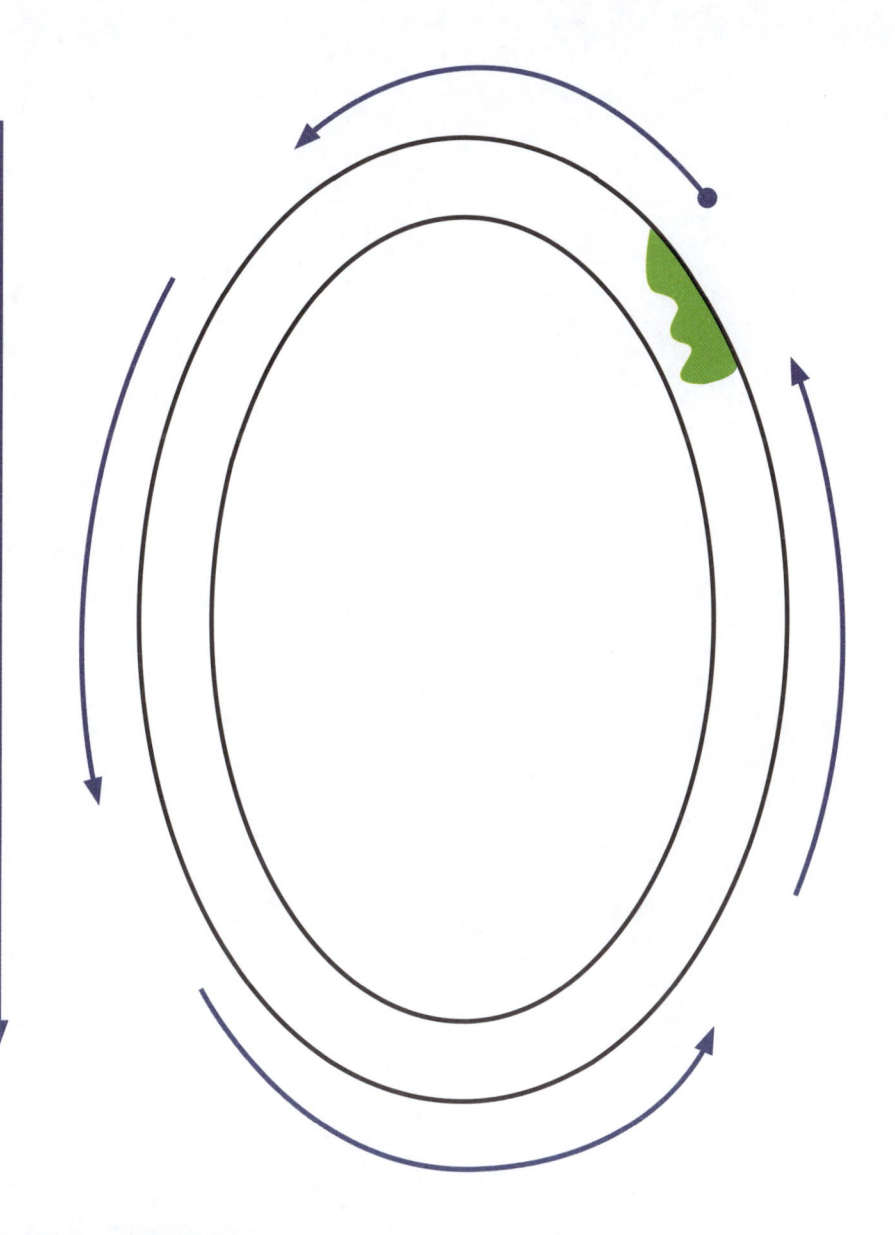

DATA: ____/____/____

CUBRA O TRACEJADO DO NÚMERO **10**.

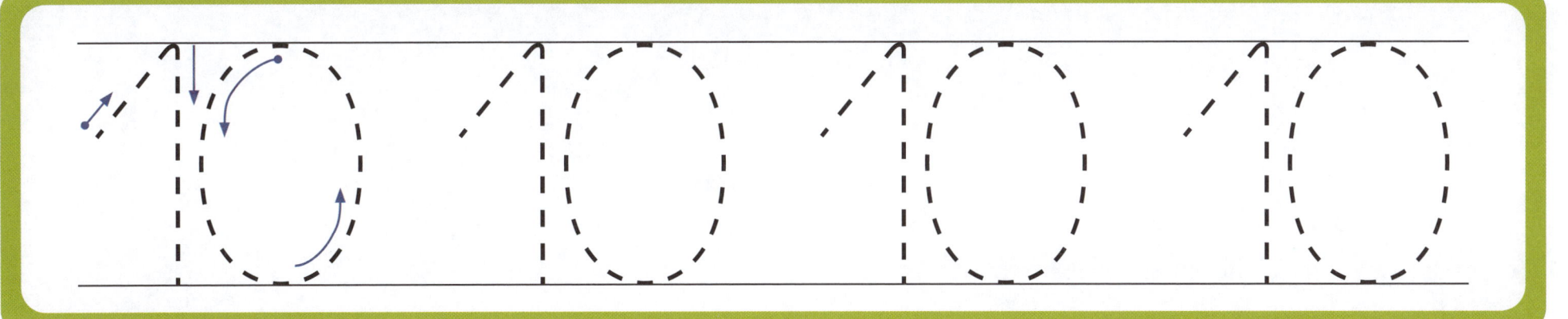

CONTE E PINTE **10** PRESENTES.

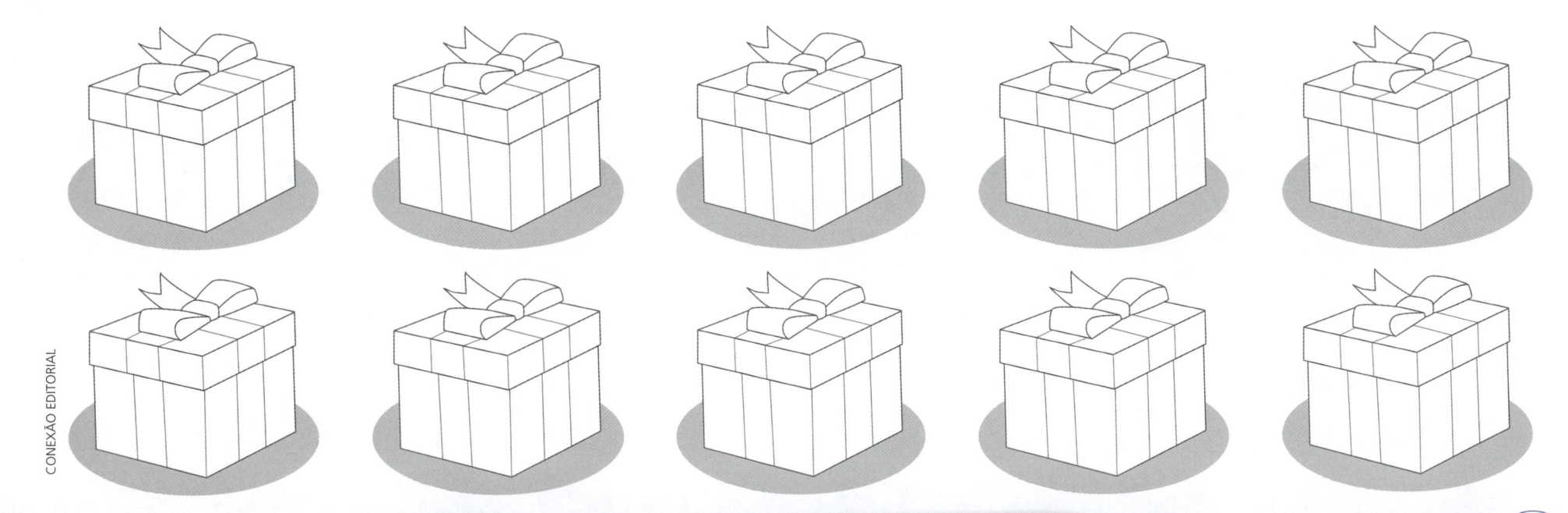

DATA: ____/____/____

DESENHE EM CADA QUADRADO O NÚMERO DE ELEMENTOS INDICADOS NAS ETIQUETAS.

5

10

DATA: _____ / _____ / _____

PINTE A CENTOPEIA. USE AS CORES INDICADAS.

1 2 3 4 5 6 7 8 9 10

PINTE O CAMINHO NO QUAL OS NÚMEROS DE **1** A **10** ESTÃO NA ORDEM CORRETA.

1 2 3 5 8 4 6 9 10

1 2 3 4 5 6 7 8 9 10

1 2 3 8 6 4 7 5 9 10

DATA: ___/___/___

PINTE DE AZUL AS **LETRAS** E DE AMARELO OS **NÚMEROS**.

A	8	U	9	I
3	2	5	E	O
O	1	4	6	7

RESPONDA:

QUANTAS **LETRAS**? ☐ QUANTOS **NÚMEROS**? ☐

DATA: ____/____/____

102

LIÇÃO 95

ESCREVA LIVREMENTE OS NÚMEROS NOS QUADRINHOS.

1	2	3	4	5
6	7	8	9	10

DATA: ___ / ___ / ___

NATUREZA E SOCIEDADE

LIÇÃO 96

AS CENAS MOSTRAM QUE PEDRO ESTÁ CRESCENDO.

COLE OS ADESIVOS DA PÁGINA 165 NAS FASES DE CRESCIMENTO DE PEDRO.

| PEDRO AINDA É UM BEBÊ. | PEDRO JÁ SABE ENGATINHAR. | PEDRO APRENDEU A ANDAR. |

DATA: ____/____/____

105

LIÇÃO 97

O TEMPO PASSA...

COLE SUAS FOTOGRAFIAS NOS QUADROS INDICADOS. ESCREVA SUA IDADE NO SEGUNDO QUADRO.

ANTES EU ERA ASSIM.

HOJE EU TENHO _____ ANOS E SOU ASSIM.

DATA: ____/____/____

106

LIÇÃO 98

MARQUE UM X NA ATIVIDADE QUE VOCÊ MAIS GOSTA DE FAZER.

CONTE À PROFESSORA E AOS COLEGAS POR QUE VOCÊ ESCOLHEU ESSA ATIVIDADE.

DATA: ____/____/____

107

LIÇÃO 99

CIRCULE NO CORPO DA MENINA AS PARTES QUE ESTÃO MOSTRADAS A SEGUIR.

CARLOS JORGE NUNES

DATA: ____/____/____

108

LIÇÃO 100

TODAS AS PESSOAS DEVEM CUIDAR DA SAÚDE DO CORPO.

✏️ CIRCULE AS IMAGENS QUE MOSTRAM ATITUDES IMPORTANTES PARA A SAÚDE.

COMER FRUTAS.

LAVAR BEM AS MÃOS.

ESCOVAR OS DENTES.

BEBER ÁGUA.

DATA: ____/____/____

109

LIÇÃO 101

A HIGIENE PESSOAL É IMPORTANTE PARA A SAÚDE.

✏️ FAÇA UM ✗ NOS OBJETOS QUE VOCÊ USA PARA SUA HIGIENE.

CARLOS JORGE NUNES

DATA: ____/____/____

110

BEBER ÁGUA É IMPORTANTE PARA A SAÚDE.

CIRCULE AS FIGURAS QUE MOSTRAM A ÁGUA QUE PODEMOS BEBER.

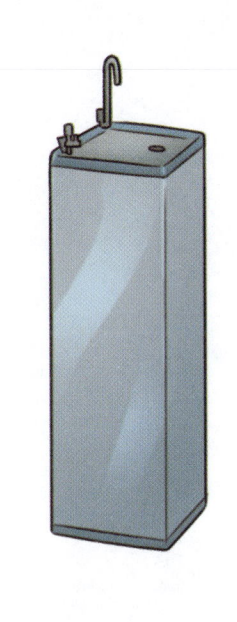

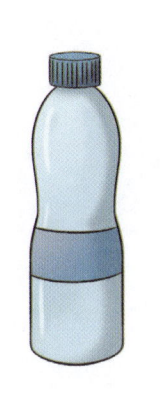

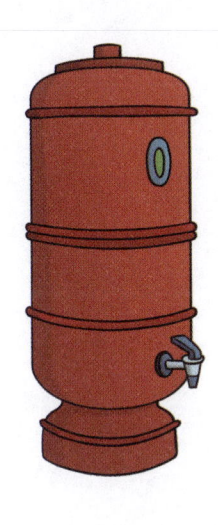

DATA: _____ / _____ / _____

111

ALIMENTOS SAUDÁVEIS TAMBÉM SÃO IMPORTANTES PARA A SAÚDE.

CIRCULE OS ALIMENTOS SAUDÁVEIS. DEPOIS, DIGA O NOME DE CADA UM DELES.

FOTOS: PIXABAY

DATA: _____/_____/_____

LIÇÃO 104

COM A LÍNGUA, SENTIMOS O SABOR DOS ALIMENTOS.

COLE AS FIGURAS DOS ALIMENTOS NO QUADRO ADEQUADO. USE OS ADESIVOS DA PÁGINA 166.

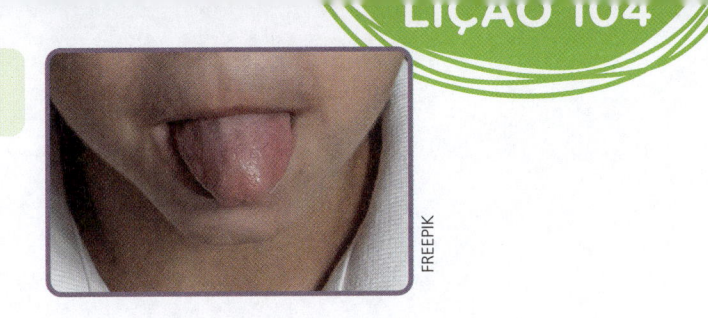

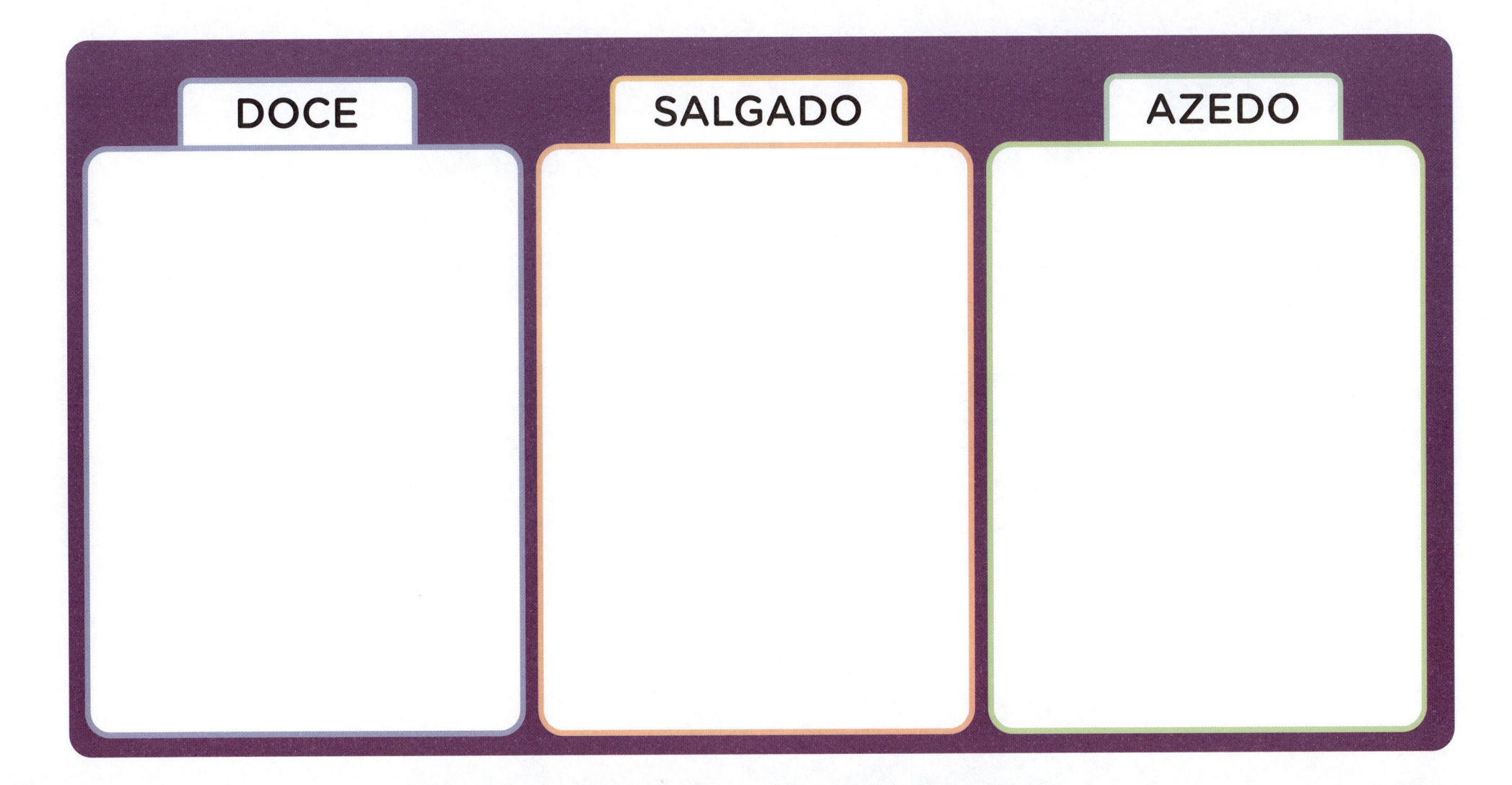

DOCE	SALGADO	AZEDO

DATA: ____ / ____ / ____

COM OS OLHOS, PODEMOS VER O QUE EXISTE AO NOSSO REDOR.

OBSERVE ATENTAMENTE AS DUAS IMAGENS E ENCONTRE TRÊS DIFERENÇAS ENTRE ELAS.

DATA: _____ / _____ / _____

COM AS ORELHAS, OUVIMOS OS SONS.

LIGUE A ORELHA AOS ELEMENTOS QUE PRODUZEM SOM.

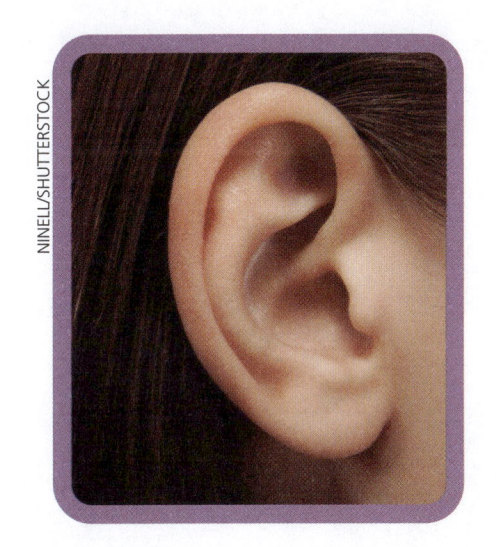

DATA: _____ / _____ / _____

115

PELO NARIZ PODEMOS SENTIR CHEIROS.

✏️ MARQUE UM **X** NA PARTE DO CORPO QUE O PADEIRO UTILIZA PARA SENTIR O CHEIRO DO PÃO.

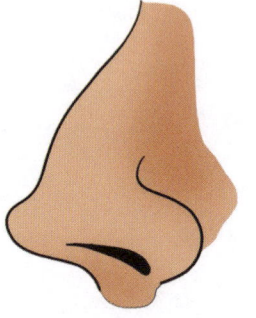

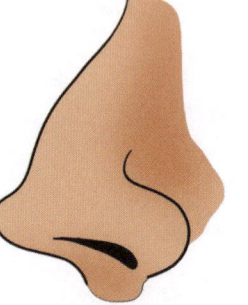

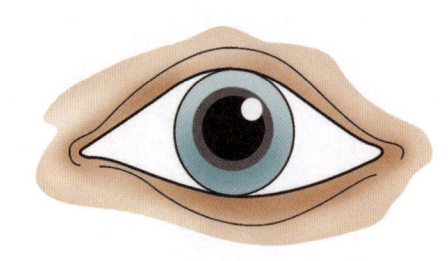

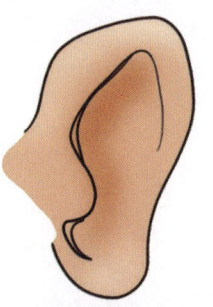

CARLOS JORGE NUNES

DATA: ____/____/____

LIÇÃO 108

PELO TATO, PODEMOS PERCEBER A TEXTURA DOS OBJETOS.

COLE OS ADESIVOS DA PÁGINA 166 PARA REPRESENTAR AS TEXTURAS INDICADAS.

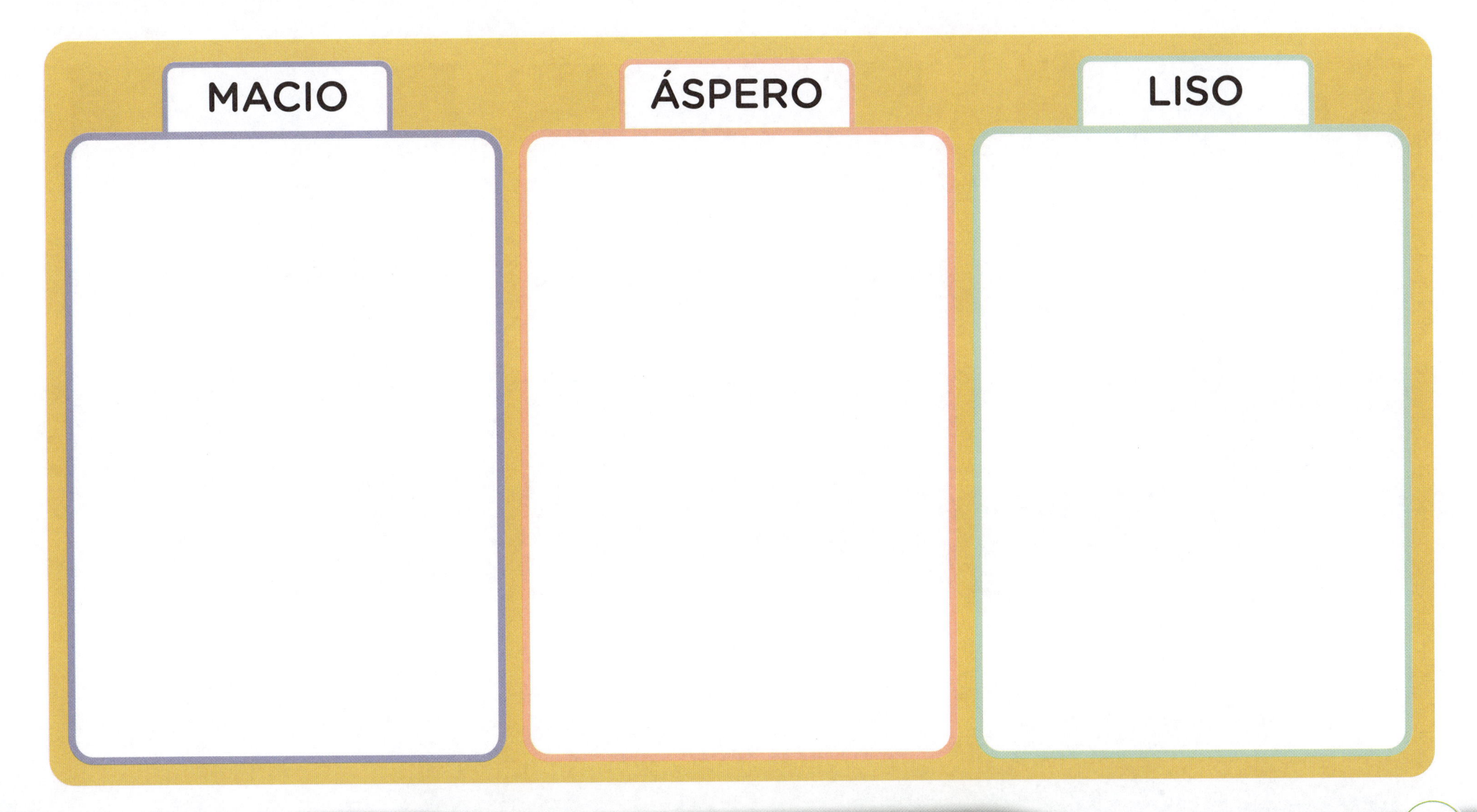

MACIO	ÁSPERO	LISO

DATA: ____ / ____ / ____

LIÇÃO 109

POR MEIO DA PELE, PODEMOS PERCEBER AS SENSAÇÕES DE CALOR E FRIO. EM DIAS QUENTES, DEVEMOS USAR ROUPAS LEVES.

PINTE A CENA E CIRCULE QUEM NÃO ESTÁ USANDO A ROUPA ADEQUADA PARA O DIA.

CARLOS JORGE NUNES

DATA: _____/_____/_____

118

EM DIAS FRIOS, DEVEMOS USAR ROUPAS QUE PROTEJAM NOSSO CORPO.

PINTE AS ROUPAS QUE VOCÊ USA EM DIAS FRIOS.

ILUSTRAÇÕES: IMAGINÁRIO STUDIO

DATA: _____/_____/_____

119

LIÇÃO 111

OBSERVE COMO ESTÁ O DIA HOJE. PINTE A CENA QUE REPRESENTA ESTE DIA.

DIA ENSOLARADO

DIA FRIO

DIA CHUVOSO

DIA NUBLADO

DATA: _____ / _____ / _____

LIÇÃO 112

PINTE OS ☐ COM ESTAS CORES:

VERDE – O QUE VOCÊ FAZ DURANTE O DIA

AZUL – O QUE VOCÊ FAZ DURANTE A NOITE

CARLOS JORGE NUNES

DATA: ____/____/____

LIÇÃO 113

DESENHE OU COLE UMA FOTO DA SUA FAMÍLIA.

FALE PARA OS COLEGAS O NOME DE CADA PESSOA DA SUA FAMÍLIA.

DATA: _____ / _____ / _____

LIÇÃO 114

TODAS AS PESSOAS PRECISAM DE UM LUGAR PARA MORAR.

DESENHE OU COLE FOTOS DE DIFERENTES TIPOS DE MORADIA.

DATA: _____ /_____ /_____

LIÇÃO 115

DESENHE AQUILO DE QUE VOCÊ MAIS GOSTA NA SUA CASA.

DATA: _____ / _____ / _____

124

LIÇÃO 118

NA ESCOLA, APRENDEMOS MUITAS COISAS.

✏️ CIRCULE A CRIANÇA QUE ESTÁ MAIS PERTO DA ESCOLA.

🥭 CONTE PARA A PROFESSORA E OS COLEGAS O QUE VOCÊ MAIS GOSTA DE FAZER NA ESCOLA.

> EU VOU, EU VOU
> PRA ESCOLA
> AGORA EU VOU...
>
> DOMÍNIO PÚBLICO.

CARLOS JORGE NUNES

DATA: ___/___/___

125

LIÇÃO 117

- ✏️ CONTORNE AS FIGURAS DE OBJETOS QUE VOCÊ COSTUMA USAR NA ESCOLA.
- 💬 DEPOIS, FALE O NOME DE CADA UM DELES.

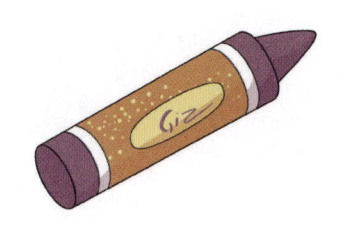

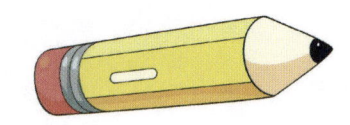

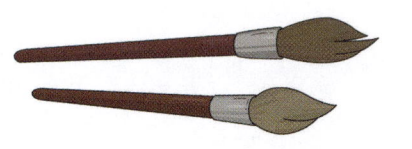

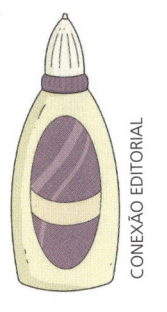

DATA: _____/_____/_____

126

LIÇÃO 118

CIRCULE OS PROFISSIONAIS QUE TRABALHAM NA ESCOLA.

DATA: ____/____/____

LIÇÃO 119

- OBSERVE AS CENAS. DEPOIS, DIGA O QUE CADA CRIANÇA ESTÁ FAZENDO.
- MARQUE UM **X** NAS CENAS QUE MOSTRAM ATITUDES DE CUIDADO COM O AMBIENTE.

DATA: ____ / ____ / ____

128

DEVEMOS CUIDAR DO MEIO AMBIENTE COM ATITUDES RESPONSÁVEIS.

MARQUE UM X NAS CENAS QUE MOSTRAM COMO AJUDAR O MEIO AMBIENTE.

CARLOS JORGE NUNES

CONVERSE COM A PROFESSORA E OS COLEGAS SOBRE O QUE VOCÊ PODE FAZER PARA AJUDAR O MEIO AMBIENTE.

DATA: ____/____/____

A MAIORIA DAS PLANTAS É FORMADA POR RAIZ, CAULE, FOLHAS, FLORES, FRUTOS E SEMENTES.

LIGUE AS PARTES À PLANTA.

LIÇÃO 122

ALGUMAS PLANTAS DÃO FRUTOS QUE PODEMOS COMER.

LIGUE OS FRUTOS ÀS SUAS PLANTAS.

DATA: ____/____/____

OS ANIMAIS SÃO SERES VIVOS QUE TAMBÉM PRECISAM DE ALIMENTO, DE ÁGUA, DE ABRIGO E DE CUIDADOS.

CIRCULE OS ANIMAIS QUE TÊM O CORPO COBERTO POR PENAS, COMO A GALINHA EM DESTAQUE.

CIRCULE OS ANIMAIS QUE TÊM O CORPO COBERTO POR PELOS.
RISQUE OS ANIMAIS QUE TÊM O CORPO COBERTO POR ESCAMAS.

LIÇÃO 123

OS ANIMAIS DOMESTICADOS PODEM VIVER PERTO DAS PESSOAS.

CARLOS JORGE NUNES

✏️ **CIRCULE OS ANIMAIS DOMESTICADOS.**

DATA: _____ / _____ / _____

134

LIÇÃO 128

ALGUNS ANIMAIS, COMO CAVALOS, PATOS E PORCOS, VIVEM NO CAMPO, EM SÍTIOS OU FAZENDAS.

OBSERVE A CENA E CIRCULE OS ANIMAIS QUE NÃO PODEM VIVER NO CAMPO.

DATA: ____/____/____

135

LIÇÃO 127

ALGUNS ANIMAIS SE MOVIMENTAM PELO CHÃO E PODEM ANDAR OU CORRER.

TRACE O CAMINHO QUE LEVA O PORCO ATÉ O CHIQUEIRO. USE GIZ DE CERA.

CARLOS JORGE NUNES

DATA: _____/_____/_____

136

LIÇÃO 128

OS ANIMAIS MARINHOS VIVEM NA ÁGUA. ELES NADAM.

- ESCUTE O NOME DE ALGUNS ANIMAIS QUE A PROFESSORA VAI FALAR E REPITA-OS.

- COMPLETE A CENA DO FUNDO DO MAR COM AS FIGURAS DESSES ANIMAIS. USE OS ADESIVOS DA PÁGINA 167.

DATA: ____/____/____

137

LIÇÃO 129

PINTE OS ANIMAIS QUE SE MOVIMENTAM PELO AR, ISTO É, VOAM.

DATA: _____/_____/_____

138

LIÇÃO 130

A COBRA É UM ANIMAL QUE RASTEJA.

PINTE E CONTINUE A SEQUÊNCIA DAS CORES.

DATA: ____/____/____

139

LIÇÃO 131

OS MEIOS DE TRANSPORTE SERVEM PARA LEVAR PESSOAS E OBJETOS DE UM LUGAR PARA OUTRO.

COLE OS MEIOS DE TRANSPORTE NOS LUGARES ADEQUADOS. USE OS ADESIVOS DA PÁGINA 167.

DATA: ____/____/____

140

LIÇÃO 132

O SEMÁFORO ORIENTA OS MOTORISTAS E PEDESTRES A SE LOCOMOVER NO TRÂNSITO.

COM A AJUDA DA PROFESSORA, PINTE OS SEMÁFOROS COM AS CORES QUE ELES TÊM.

SEMÁFORO PARA VEÍCULOS

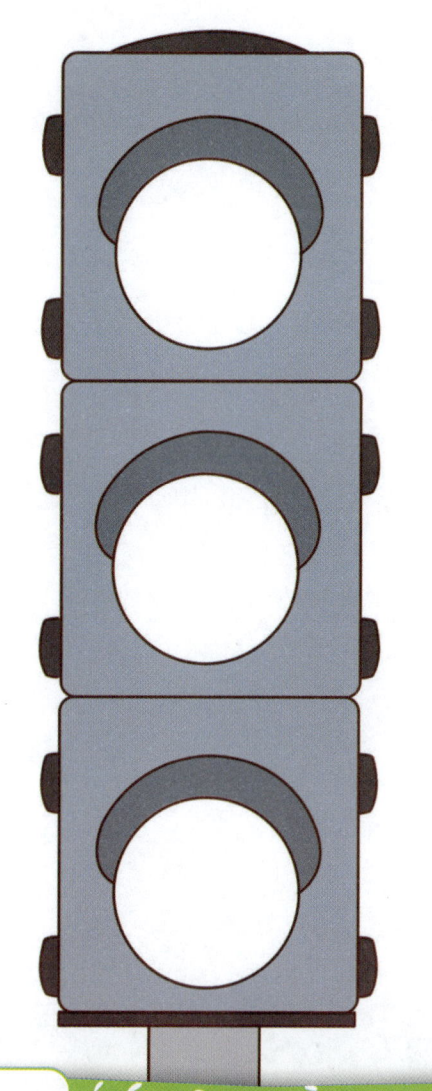

SEMÁFORO PARA PEDESTRES

ILUSTRAÇÕES: IMAGINÁRIO STUDIO

DATA: _____ / _____ / _____

LIÇÃO 133

CUBRA O TRACEJADO E ENCONTRE UM MEIO DE TRANSPORTE TERRESTRE. USE GIZ DE CERA.

DATA: _____ /_____ /_____

142

LIÇÃO 134

O AVIÃO É UM MEIO DE TRANSPORTE AÉREO.

CUBRA O CAMINHO QUE O AVIÃO FEZ DEPOIS DE PASSAR PELA NUVEM. USE TINTA AZUL.

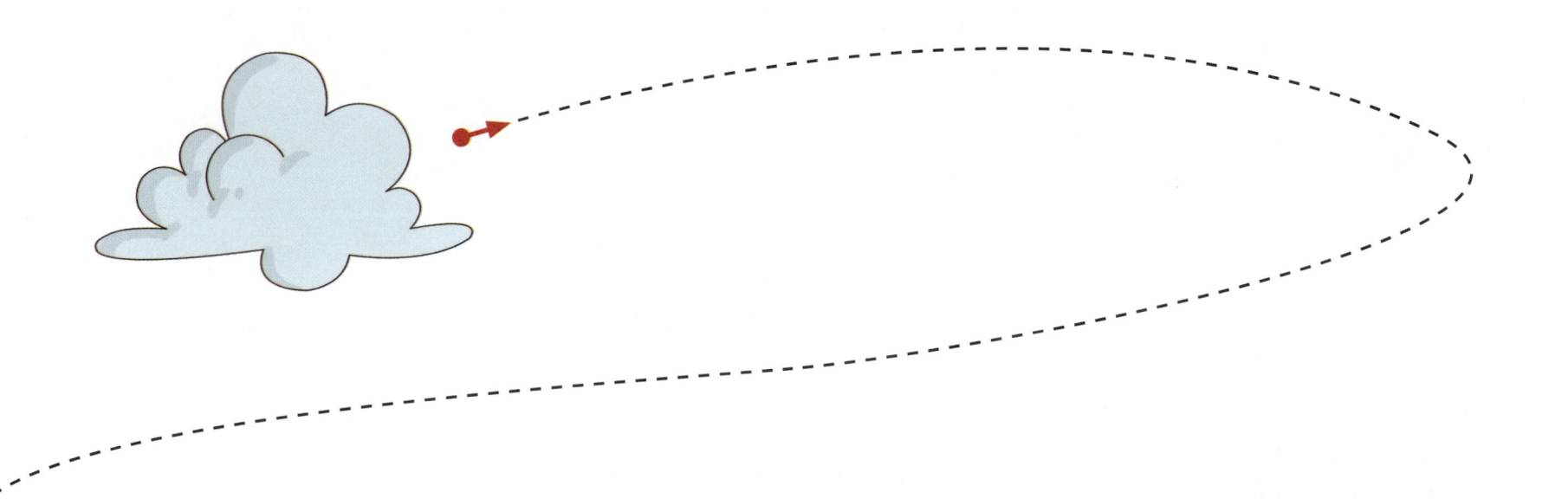

DATA: _____/_____/_____

LIÇÃO 135

CUBRA O TRACEJADO E DESCUBRA UM MEIO DE TRANSPORTE AQUAVIÁRIO. USE A COR PRETA. DEPOIS, PINTE A CENA.

DATA: _____ / _____ / _____

144

LIÇÃO 138

OS MEIOS DE COMUNICAÇÃO SERVEM PARA LEVAR NOTÍCIAS E INFORMAÇÕES E PARA AS PESSOAS SE COMUNICAREM.

COLE NO QUADRO ABAIXO OS MEIOS DE COMUNICAÇÃO QUE VOCÊ PODE USAR PARA FALAR E SE COMUNICAR COM UM AMIGO.

DATA: ____/____/____

145

LIÇÃO 137

✏️ LIGUE OS MEIOS DE COMUNICAÇÃO ÀS FIGURAS QUE MOSTRAM ONDE ESTÃO SENDO USADOS.

DATA: ____/____/____

146

LIÇÃO 138

O ANO ESTÁ CHEGANDO AO FIM. VOCÊ APRENDEU MUITAS COISAS NESTE ANO.

PINTE AS CENAS QUE MOSTRAM AÇÕES QUE VOCÊ CONSEGUE REALIZAR SEM AJUDA.

DATA: ____/____/____

147

ALMANAQUE

SUMÁRIO

CRACHÁ 149
ENCAIXE DE VOGAIS 150
JOGO DA MEMÓRIA DAS VOGAIS 151
CARNAVAL 153
(PINTE E ENFEITE A MÁSCARA DE CARNAVAL.)
PÁSCOA 154
(COLE PAPEL COLORIDO NOS OVOS DE PÁSCOA, DE ACORDO COM A MÚSICA.)
DIA DOS POVOS INDÍGENAS - 19 DE ABRIL 155
(PINTE E RECORTE O COCAR INDÍGENA.)
DIA DAS MÃES - SEGUNDO DOMINGO DE MAIO 156
(DESENHE, NO CARTÃO, SUA MÃE OU OUTRA PESSOA MUITO ESPECIAL.)
FESTAS JUNINAS 157
(PINTE E ENFEITE OS BONECOS CAIPIRAS.)
DIA DOS PAIS - SEGUNDO DOMINGO DE AGOSTO 159
(DESENHE, NO PORTA-RETRATOS, SEU PAI OU OUTRA PESSOA MUITO ESPECIAL.)
DIA DO FOLCLORE - 22 DE AGOSTO 160
(DEIXE O BUMBA MEU BOI BEM COLORIDO.)
DIA DA ÁRVORE - 21 DE SETEMBRO 161
(COLE IMAGENS DE DIFERENTES TIPOS DE ÁRVORE.)
DIA DAS CRIANÇAS - 12 DE OUTUBRO 162
(DESENHE USANDO TINTA GUACHE.)
DIA DO PROFESSOR - 15 DE OUTUBRO 163
(FAÇA UM DESENHO PARA SUA PROFESSORA.)

CRACHÁ

ALMANAQUE

COLAR FOTO 3 × 4

Parte integrante da coleção **Eu gosto m@is** – Educação Infantil – volume 1 – IBEP.

ENCAIXE DE VOGAIS

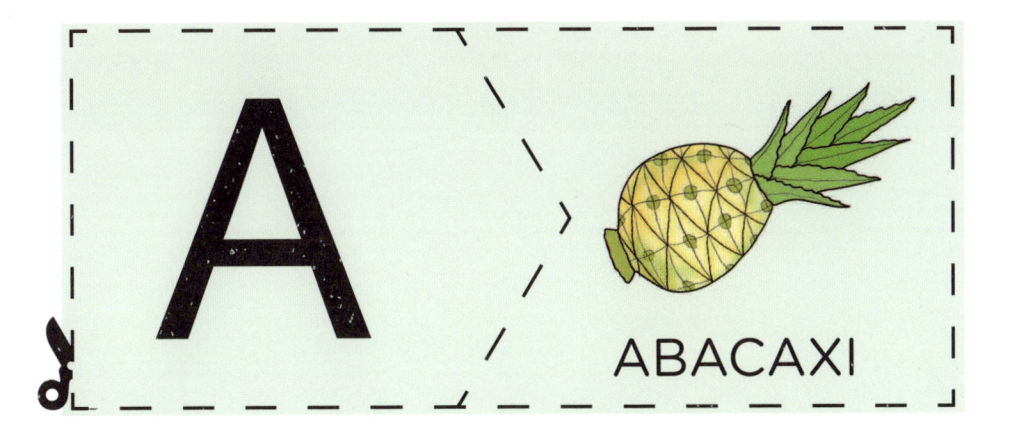

ALMANAQUE

A — ABACAXI

E — ELEFANTE

I — IGUANA

O — ORELHA

U — URSO

Parte integrante da coleção **Eu gosto m@is** – Educação Infantil – volume 1 – IBEP.

JOGO DA MEMÓRIA DAS VOGAIS

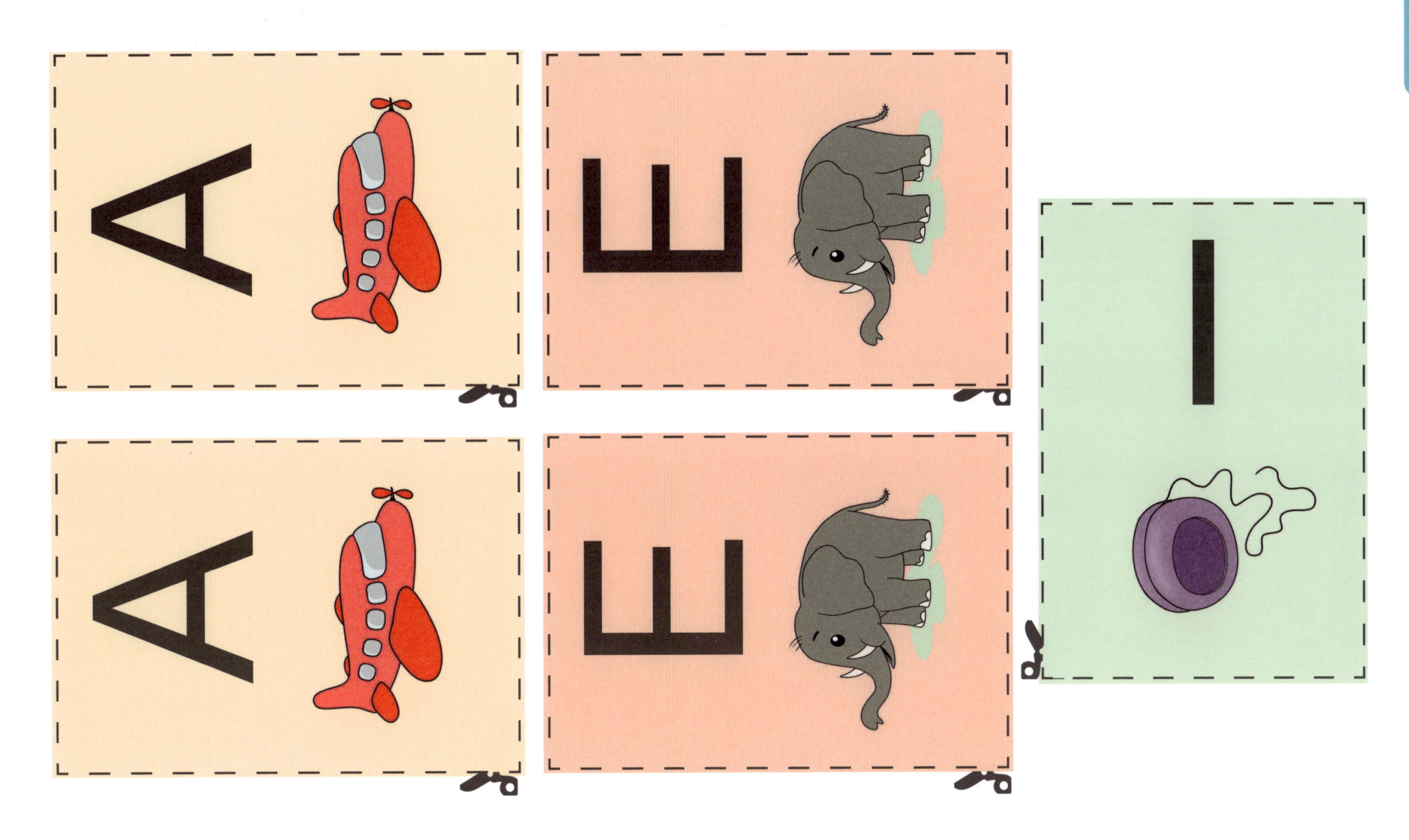

Parte integrante da coleção **Eu gosto m@is** – Educação Infantil – volume 1 – IBEP.

ALMANAQUE

JOGO DA MEMÓRIA DAS VOGAIS

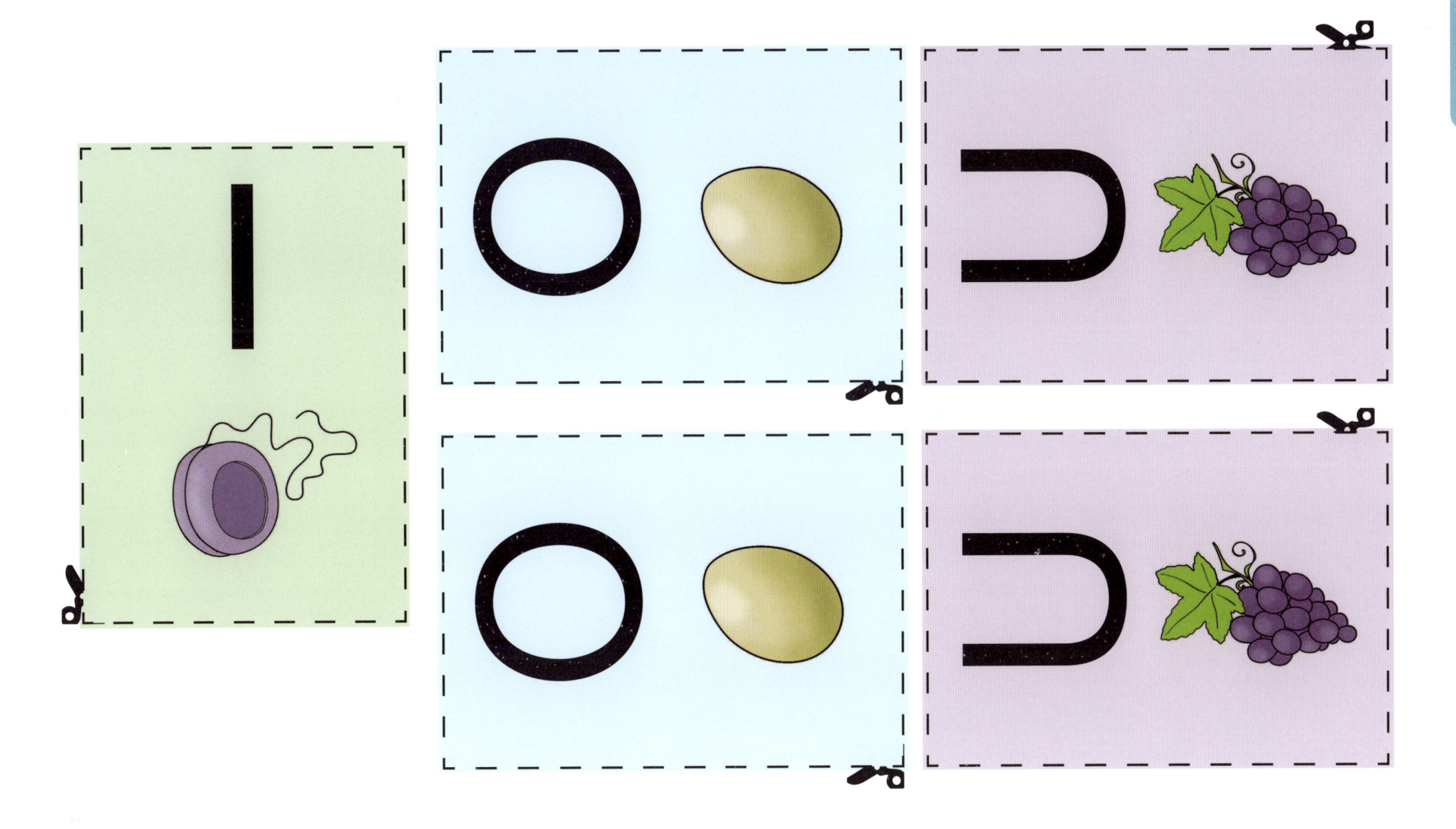

ALMANAQUE

Parte integrante da coleção **Eu gosto m@is** – Educação Infantil – volume 1 – IBEP.

CARNAVAL

ALMANAQUE

Parte integrante da coleção **Eu gosto m@is** – Educação Infantil – volume 1 – IBEP.

PÁSCOA

COELHINHO DA PÁSCOA

COELHINHO DA PÁSCOA,
QUE TRAZES PRA MIM?
UM OVO,
DOIS OVOS,
TRÊS OVOS, ASSIM.

COELHINHO DA PÁSCOA,
QUE COR ELES TÊM?
AZUL, AMARELO,
VERMELHO TAMBÉM.

DOMÍNIO PÚBLICO.

ALMANAQUE

Parte integrante da coleção **Eu gosto m@is** – Educação Infantil – volume 1 – IBEP.

DIA DOS POVOS INDÍGENAS - 19 DE ABRIL

Professora, peça às crianças que pintem as tiras e a pena como quiserem. Recorte e cole as duas tiras em uma das pontas e, depois, feche e cole a outra ponta na medida da cabeça de cada aluno. Cole a pena.

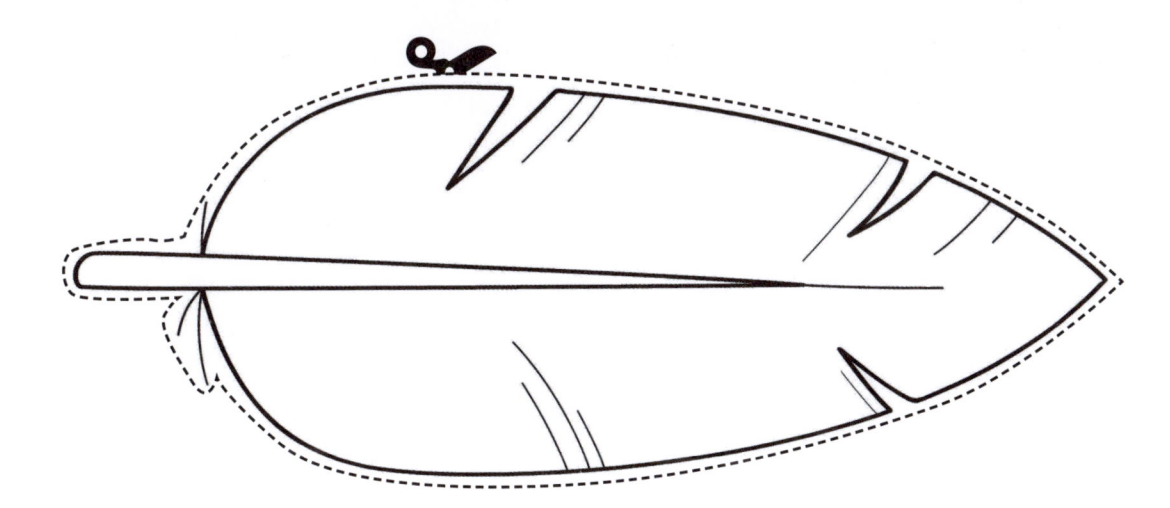

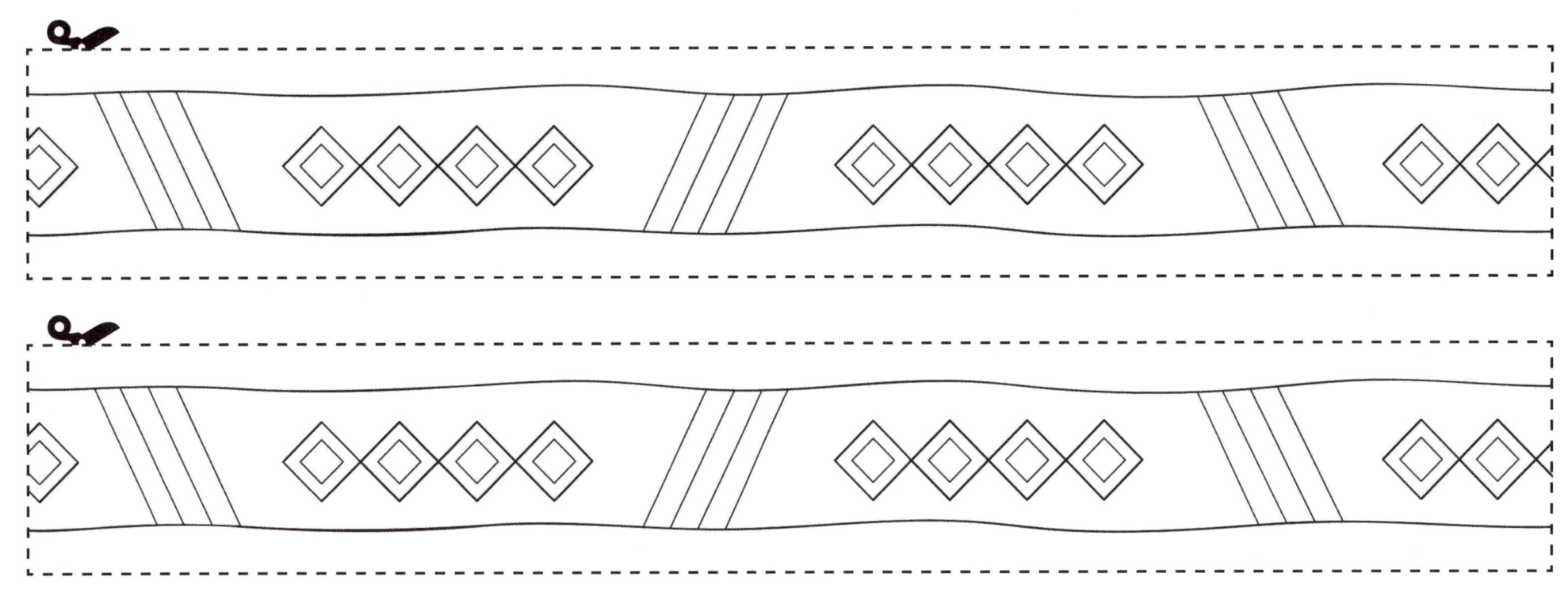

ALMANAQUE

Parte integrante da coleção **Eu gosto m@is** – Educação Infantil – volume 1 – IBEP.

DIA DAS MÃES – SEGUNDO DOMINGO DO MÊS DE MAIO

Professora, se for o caso, as crianças poderão desenhar a pessoa que cuida delas.

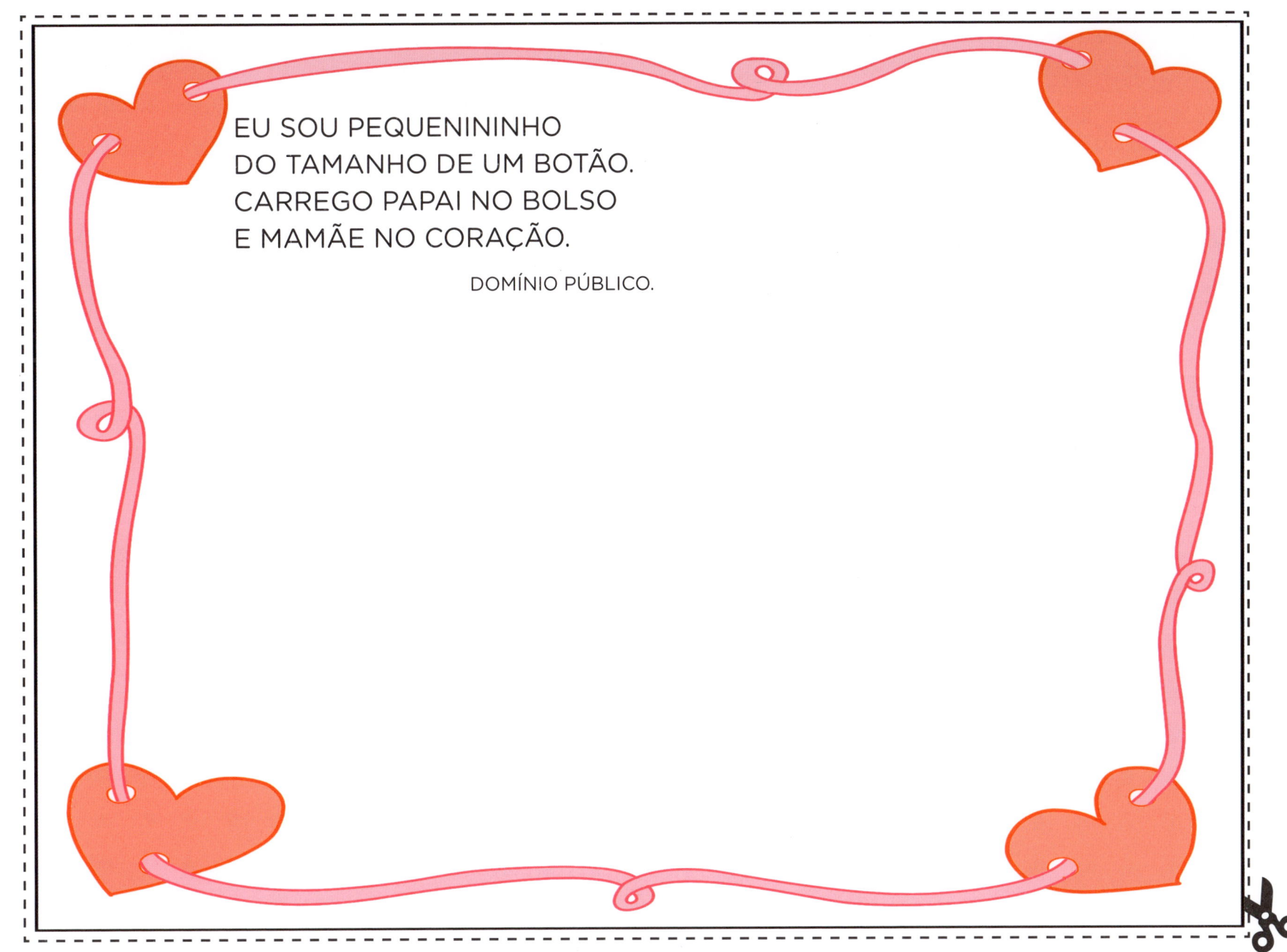

EU SOU PEQUENININHO
DO TAMANHO DE UM BOTÃO.
CARREGO PAPAI NO BOLSO
E MAMÃE NO CORAÇÃO.

DOMÍNIO PÚBLICO.

ALMANAQUE

Parte integrante da coleção **Eu gosto m@is** – Educação Infantil – volume 1 – IBEP.

FESTAS JUNINAS

Professora, peça às crianças que pintem e enfeitem seus bonecos caipiras como quiserem. Esses bonecos podem ser pendurados por um fio para enfeitar a sala de aula na época das Festas Juninas ou colados em um palito de sorvete e utilizados como fantoches de vara.

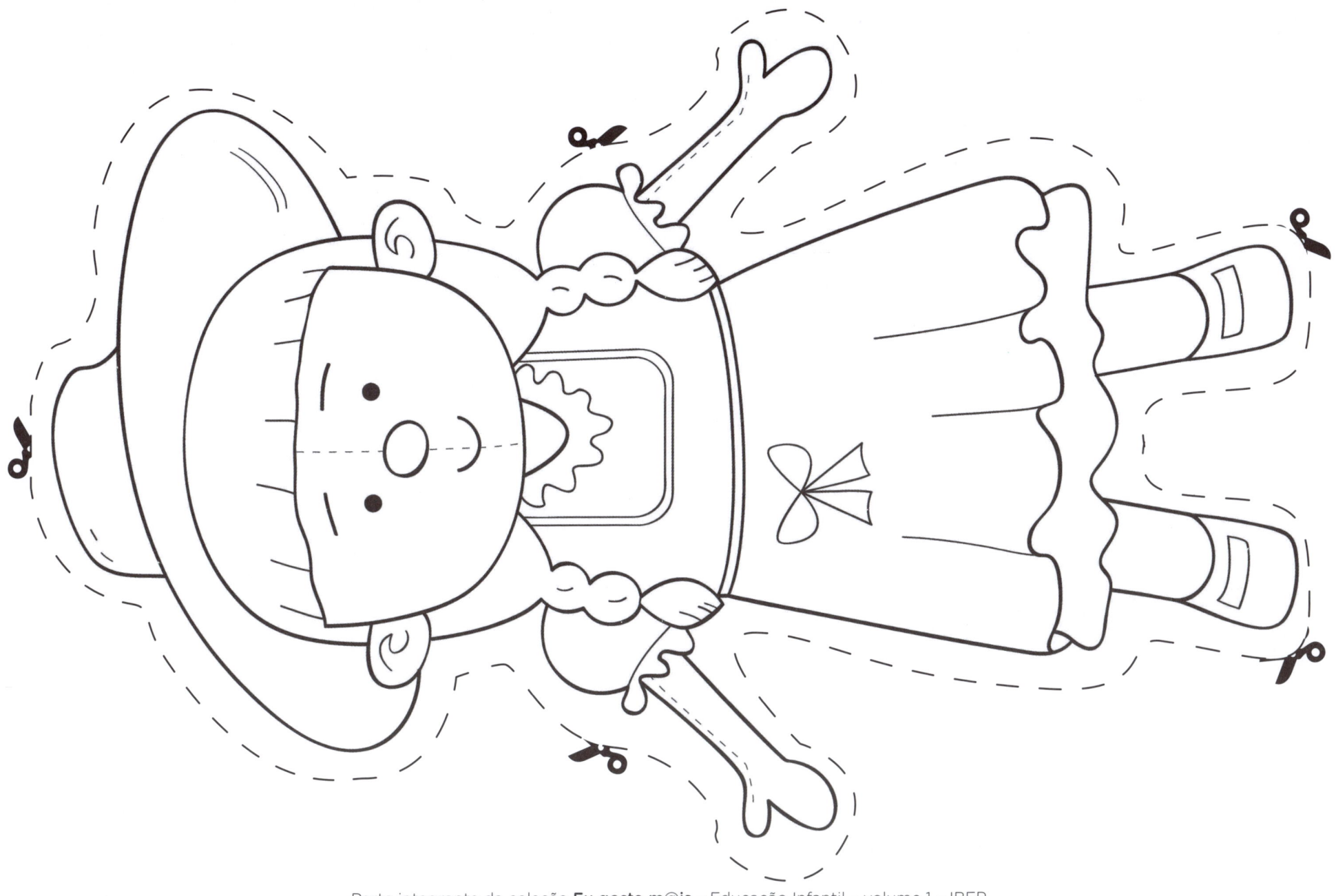

ALMANAQUE

Parte integrante da coleção **Eu gosto m@is** – Educação Infantil – volume 1 – IBEP.

FESTAS JUNINAS

Professora, peça às crianças que pintem e enfeitem seus bonecos caipiras como quiserem. Esses bonecos podem ser pendurados por um fio para enfeitar a sala de aula na época das Festas Juninas ou eles podem ser colados em um palito de sorvete e utilizados como fantoches de vara.

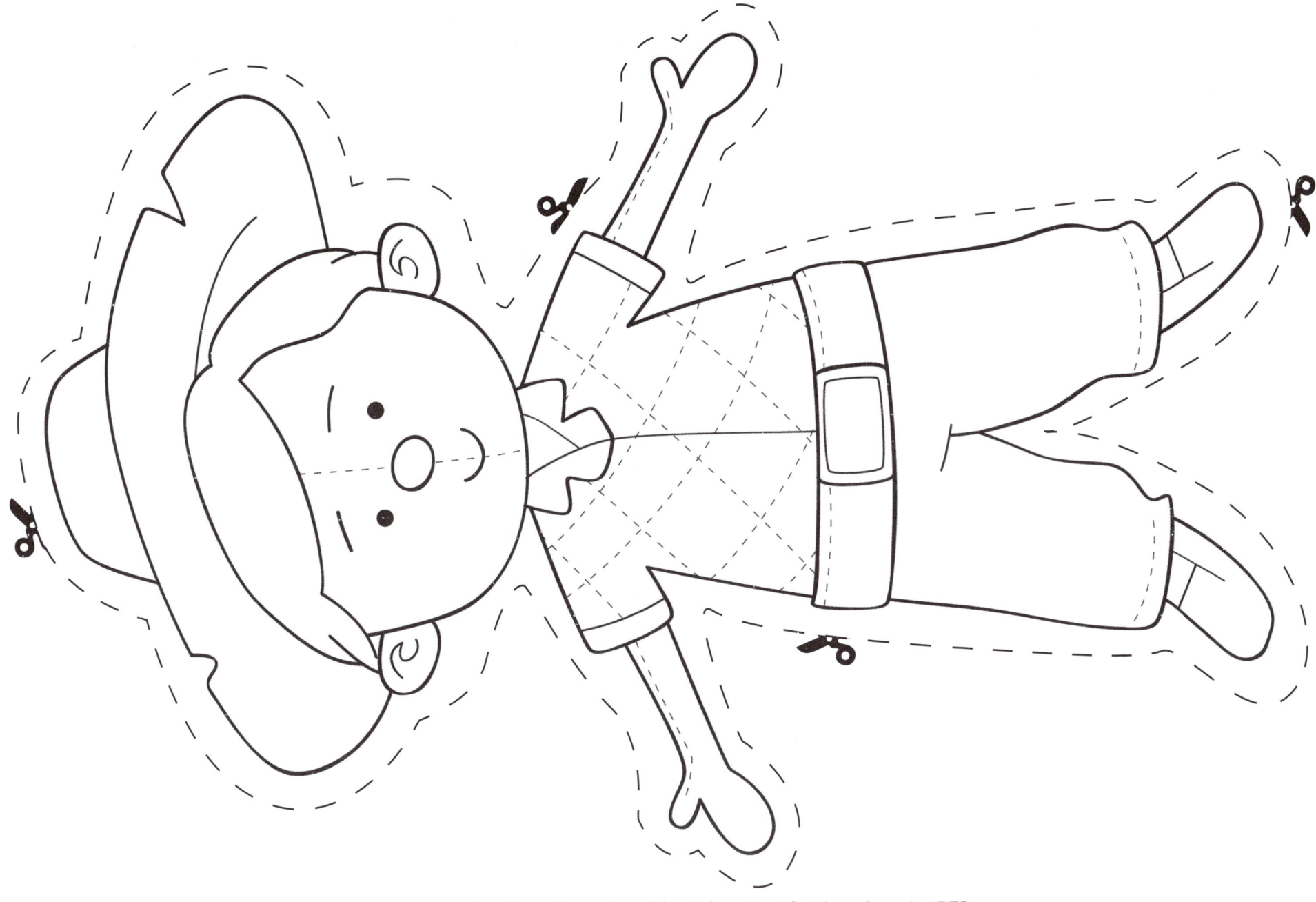

ALMANAQUE

Parte integrante da coleção **Eu gosto m@is** – Educação Infantil – volume 1 – IBEP.

DIA DOS PAIS – SEGUNDO DOMINGO DO MÊS DE AGOSTO

MEU QUERIDO PAPAIZINHO,
VAMOS HOJE FESTEJAR!
ACEITE UM PRESENTE COM CARINHO
QUE AGORA VOU LHE DAR!

AS AUTORAS.

Professora, se for o caso, as crianças poderão representar a pessoa que consideram como pai.

Parte integrante da coleção **Eu gosto m@is** – Educação Infantil – volume 1 – IBEP.

DIA DO FOLCLORE – 22 DE AGOSTO

Parte integrante da coleção **Eu gosto m@is** – Educação Infantil – volume 1 – IBEP.

DIA DA ÁRVORE – 21 DE SETEMBRO

ALMANAQUE

Parte integrante da coleção **Eu gosto m@is** – Educação Infantil – volume 1 – IBEP.

DIA DAS CRIANÇAS – 12 DE OUTUBRO

ALMANAQUE

Parte integrante da coleção **Eu gosto m@is** – Educação Infantil – volume 1 – IBEP.

DIA DO PROFESSOR – 15 DE OUTUBRO

ALMANAQUE

Parte integrante da coleção **Eu gosto m@is** – Educação Infantil – volume 1 – IBEP.

LIÇÃO 40 • PÁGINA 47

ADESIVOS

Parte integrante da coleção **Eu gosto m@is** – Educação Infantil – volume 1 – IBEP.

164

LIÇÃO 96 • PÁGINA 105

ADESIVOS

Parte integrante da coleção **Eu gosto m@is** – Educação Infantil – volume 1 – IBEP.

LIÇÃO 104 • PÁGINA 113

LIÇÃO 108 • PÁGINA 117

Parte integrante da coleção **Eu gosto m@is** – Educação Infantil – volume 1 – IBEP.

LIÇÃO 128 • PÁGINA 137

LIÇÃO 131 • PÁGINA 140

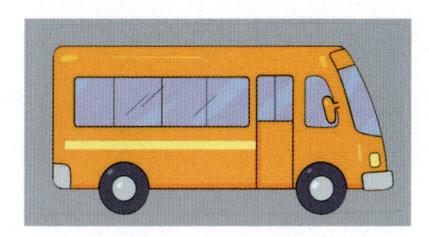

ADESIVOS

Parte integrante da coleção **Eu gosto m@is** – Educação Infantil – volume 1 – IBEP.

167